용병 2000년의 역사

YOUHEI NO NISENNEN SHI
ⓒ Yoshio Kikuchi 2002
All rights reserved.
Original Japanese edition published by KODANSHA LTD.
Korean publishing rights arranged with KODANSHA LTD.
through Bookpost Agency.

이 책의 한국어판 저작권은 북포스트 에이전시를 통해
저작권자와 독점 계약한 사과나무에 있습니다.
저작권법에 의해 한국 내에서 보호를 받는 저작물이므로
무단전재와 무단복제를 금합니다.

세상에서 두 번째로 오래된 직업

용병 2000년의 역사

기쿠치 요시오 지음 | 김숙이 옮김

사과나무

저자 기쿠치 요시오(菊池良生)

1948년 이바라키현 출생. 와세다 대학에서 박사학위를 취득하고 현재 메이지 대학 교수로 재직중이다. 전공은 오스트리아 문학이며 특히 유럽 근대, 합스부르크가, 용병제 등의 주제로 연구와 집필을 계속하고 있다. 저서로 《신성로마제국》《합스부르크가의 영광》《싸우는 합스부르크가》《합스부르크를 만든 남자》《이카로스의 추락》《개의 죽음》 등이 있다.

옮긴이 김숙이

이화여자대학교 정치외교학과를 졸업하고 현재 전문 번역가로 활동중이다. 역서로 《기적의 화술》《최근 100년의 세계사》《마흔에서 쉰, 그 짧은 사이》《결심의 기술》《골프가 내 몸을 망친다》《아줌마 경제학》《감염》《감정 정리의 기술》《여성의 품격》《아프리카의 눈물》 등 30여권.

용병 2000년의 역사

1판 1쇄 인쇄 2011년 3월 5일
1판 1쇄 발행 2011년 3월 10일

지은이 기쿠치 요시오
옮긴이 김숙이
펴낸곳 도서출판 사과나무
펴낸이 권정자
등록 1996년 9월 30일(제11 - 123)
주소 경기도 고양시 행신동 샘터마을 301-1208

전화 (031) 978-3436
팩스 (031) 978-2835
e-메일 bookpd@hanmail.net
값 12,800원

ISBN 978-89-87162-94-2 03900

|차례|

들어가는 말 • 9
저자 서문 • 12

제1장
크세노폰의 도주극 • 15

세계에서 두 번째로 오래된 직업 | 크세노폰의 만인대 | 아테네의 쇠퇴와 용병의 발생

제2장
팍스 로마나의 종말 • 27

병역은 로마 시민의 긍지 | 시민군에서 지원병제로 | 용병의 시대가 시작되다 | 오도아케르의 권력찬탈

제3장
기사의 시대 • 39

전사계급의 탄생 | 아르바이트에 열심인 용병기사들 | 기사용병 시장의 탄생 | 악명 높은 용병기사단

제4장
이탈리아 르네상스의 꽃 용병대장 · 53

한 나라의 운명을 움켜쥔 용병대장 | 국장으로 치러진 용병대장 | 도시국가, 용병에 의존하다 | 용병대장에서 밀라노 공작으로 | 용병들의 사기극 전쟁 | 상비군 같은 용병부대 | 전쟁을 바꾼 스위스 장창부대

제5장
피의 수출 · 73

기병군의 대패 | 스위스 서약동맹의 발족 | 타지로 나간 용병은 스위스 최대의 산업 | 부르고뉴 전쟁 | 사악한 전쟁(마라 그에라) | 노바라의 배반

제6장
란츠크네흐트의 등장 · 91

막시밀리안 1세와 남독일 용병부대 | 란츠크네흐트의 고향 | 란츠크네흐트 vs 스위스 용병부대 | '자유'야말로 우리의 정체성 | 란츠크네흐트의 병사모집 | 역사상 보기 드문 민주적인 군대 | 주보상인의 존재 | 전쟁기업가 용병대장의 자격 | 란츠크네흐트의 아버지 | 파비아 전투

제7장
끝없이 이어지는
사악한 전쟁 • 117

독일농민전쟁 | 사코 디 로마 | 남미까지 사악한 전쟁을 수출하다 | 란츠크 네흐트의 악명 | 용병의 수요가 폭발적으로 늘어난 16세기 유럽

제8장
란츠크네흐트 붕괴의 시작 • 135

스페인 제국의 생명줄 | 네덜란드 독립전쟁 | 마우리츠의 네덜란드 군제개혁 | 보병·기병·포병의 확립 | 네덜란드의 약진

제9장
국가권력의
앞잡이가 된 용병 • 153

독일 30년전쟁과 절대주의 국가의 성립 | 보헤미아의 반란 | 갑옷과 투구를 입은 거지 | 15만 명의 군대를 조직한 용병대장 | 구스타프 아돌프의 군제개혁 | 구스타프 아돌프의 죽음과 발렌슈타인의 암살 | '국가의식'과 용병의 지위 저하

제10장
태양왕의 용병들 · 177

프랑스 절대왕조의 탄생 | 태양왕 루이 14세 | 루이 14세와 스위스 용병 | 낭트칙령의 폐지와 위그노 유출 | 와일드 기스 | 스페인 왕위계승 전쟁 | 스위스 용병의 비극

제11장
용병의 슬픈 역사 · 197

오스트리아 계승전쟁 | 프리드리히 대왕의 군대 | 프로이센군의 병사 사냥 | 아메리카로 팔려간 독일 용병 | 횡행한 병사 사냥

제12장
살아남은 용병 · 213

국민군의 탄생 | '조국이 아니면 죽음을' | '피의 수출' 금지 | 프랑스 외인부대의 탄생 | 외인부대를 지원하는 사람들 | 현대의 용병들

| 들어가는 말 |

"이날 여기에서 세계사의 새로운 시대가 시작된다." - 괴테

1792년 4월 20일.
혁명정권인 프랑스 입법회의는 오스트리아에 선전포고를 했다. 루이 16세는 여전히 프랑스 왕위에 있었다. 루이 16세와 내통한 오스트리아-프로이센 동맹군은 국왕 루이 16세를 해치려는 음모가 발각되면 파리 시가지를 파괴하겠다고 협박했다.

1792년 7월 11일.
프랑스 입법회의는 "조국은 위기에 처해 있다"는 선언을 채택했다.

1792년 8월 10일.
루이 16세가 오스트리아-프로이센 동맹군을 끌어들여 혁명 프랑스를 파괴하려고 했고, 그 음모를 알게 된 혁명세력은 일제히 들고 일어났다. 민중 혁명세력은 왕이 사는 튈르리 궁전으로 진격했다. 거대하게 밀려오는 민중들에 맞서 스위스 용병 근위대는 용감

하게 싸웠지만 수의 열세로 마지막 한 명까지 모두 전멸했다. 스위스 용병들의 장렬한 최후는 "죽음을 두려워하지 않는 스위스 용병!"이라는 명예를 남겨주기 위함이었다.

열흘 후, 프랑스에 상주하던 스위스연대 4만 명의 병사가 해고되었다. 3백년에 걸쳐 프랑스군의 중추를 담당한 스위스 용병부대가 사라지는 순간이었다.

오스트리아–프로이센 동맹군은 파리를 향해 계속 진군했다. 물론 동맹군의 주력은 용병이었다. 혁명세력은 "조국은 위기에 처해 있다"고 받아들였다. 프랑스 혁명군은 장교를 비롯해 병사들까지 모두 아마추어에 불과했다. 루이 16세의 의도대로 혁명은 무너지기 일보 직전이었다.

혁명군과 동맹군 사이의 전선은 기병과 보병 모두 전진하기도 힘든 격렬한 포격전이 되어 교착상태에 빠졌다. 그때 혁명군 속에서 갑자기 "프랑스 국민 만세!" 라는 소리가 들려 왔다. "프랑스 국왕 만세!"가 아닌 틀림없는 "프랑스 국민 만세!"였다. 그 외침 소리는 순식간에 프랑스 전역으로 퍼져나갔다. 혁명군 병사들은 이때 처음으로 '조국이 아니면 죽음'을 의식한 것이다. 유럽 역사상 최초의 국민군 탄생이었다. 이때부터 프랑스의 전쟁은 왕실의 전쟁이 아닌 국민전쟁이 된 것이다. 용병부대의 종언이기도 했다.

프랑스 혁명 이래의 첫 승리. 돈 때문이 아니라 조국을 지키기 위해 싸우는 국민군이 황제나 왕의 용병부대를 이긴 것이다.

이날 동맹군 사령관 바이마르 공작의 수행원으로서 격렬한 포격의 현장에 있었던 대문호 괴테는 그 의미를 놓치지 않고 "이날 여기에서 세계사의 새로운 시대가 시작된다"고 간파한 것이다.

프랑스 혁명세력은 1792년, 세계사의 새로운 장을 연 눈부신 승리의 날에 즉시 국민공회를 소집하고 제1공화정을 선언했다. 이듬해인 1793년 8월, 18~25세까지의 청년을 동원하는 '인민 총징병법'을 통과시켜 백만 대군을 만들었다. 바로 이 백만 대군이 근대 국민개병제(國民皆兵制)의 시작이었다. 프랑스 대혁명에 의해 탄생한 국민군이 제도로써 확립된 것이다.

중동전쟁이 발발하면 전 세계에 흩어져 있는 유태인들은 자신의 일을 젖혀두고 이스라엘 텔아비브 공항으로 속속 모여든다. 지난 2000년간 조국을 잃고 유랑생활을 했던 통한의 역사를 다시는 되새기고 싶지 않기 때문이다.

우리에게도 "통일조국"이 다가오고 있다. 작금의 현실은 밖으로는 중동발(發) 혁명의 소용돌이가 전 세계를 휩쓸고 있고, 안으로는 크고 작은 갈등과 정체성의 혼란을 겪고 있다. 역사는 지금 우리에게 '네오내셔널리즘(Neo-Nationalism)'을 요구하고 있다.

이 책은 우리에게 묻는다.

"몸을 던지고 싶을 만큼의 조국은 있는가."

2011년 2월
편집인

|저자 서문|

성냥을 긋는 순간
바다에는 짙은 안개
몸을 던지고 싶을 만큼의
조국은 있는가.

테라야마 슈지(寺山修司, 1935~1983, 일본의 전위 연극 연출가, 영화감독)가 이렇게 읊조렸을 때, 적어도 그의 머릿속에는 '조국'이라는 개념이 있었을 것이다. 그리고 그 '조국'은 '몸을 버리고 싶을 만큼' 가치 있는 조국이어야 한다.
그렇다면 인간은 무슨 이유로 조국을 위해 몸을 바치는 걸까?
역사가 베네딕트 앤더슨(Benedict Anderson, 1936~)은 《상상의 공동체》에서 다음과 같이 적고 있다.

금세기 전쟁의 이상함은 사람들이 유례없는 규모로 서로 살상하고 있다는 점보다는 엄청난 수의 사람들이 스스로 목숨을 내던지려고 한다는 데 있다.

즉, '조국을 위해 죽는다는 것'의 '조국'이 엄청난 규모로 확산되고 있다는 사실을 앤더슨은 이상하다고 여긴 것이다.

자신이 태어난 극히 한정된 지역에 대한 애착이나 증오. 이것이라면 직감적으로 인간의 몸에 박힌 구조를 어느 정도 이해할 수 있다. 고대부터 널리 알려진 조국애란 바로 이러한 극히 좁은 지역에 대한 애향주의였다.

예전의 인간은 지역 애향주의를 위해서 즉, 아버지를 위해, 어머니를 위해, 아내를 위해, 자식을 위해, 연인을 위해, 친구를 위해 몸을 버렸다. 그러므로 그때 죽으러 가는 그의 눈앞에 떠오르는 수많은 얼굴은 아무래도 그가 알고 있는 사람들의 얼굴이었다. 한데 인간은 그 짧은 생애 속에서 대체 몇 명 가량의 사람들과 직접 말을 할 수 있는 걸까. 어쨌든 인간은 이러한 대면 가능한 사람들이 구성하고 있는 아주 작은 공동체를 위해 자진해서 몸을 버린 것이다.

그러나 테라야마 슈지가 말하는 '몸을 버리고 싶을 만큼의 조국'이란 인간의 짧은 생애에서 대면 가능한 사람들 수를 무한정으로 늘린 무수한 사람들로 구성되어 있다. 그것이 근대 유럽이 만들어낸 조국이다.

그 조국을 앤더슨은 '상상의 공동체'라고 했다. 즉 인간은 어느샌가 얼굴도 한번 본 적 없고 말도 한 적 없는 수천 수백만의 무수한 사람들과 하나의 공동체로 인식하기에 이르렀다. 그리하여 예전의 지역 애향주의를 훨씬 뛰어넘는 거대한 공동체에 대한 애착, 이 즉 민족주의(내셔널리즘)가 이렇게 해서 생겨났다.

하지만 그래도 이상하다. '엄청난 수의 사람들이 스스로 목숨을 내던지려고 했던' 민족주의는 어떻게 생겨난 걸까? '민족주의의 유래'를 찾는 여정은 굉장히 길고도 험하다.

그 긴 여정에 어떤 남자들이 잠시 멈춰서 있다. 지역 애향주의를 위해서도 아니고 조국을 위해서는 더더욱 아니다. 오로지 자신이 먹고살기 위해서이고, 돈을 벌기 위함이라, 결국은 근대 국가의 조국애는 물론 근대 이전의 지역 애향주의와도 전혀 상관없이 싸워온 용병(傭兵)이 그들이다. 그들은 왕가의 사리사욕이 빚어낸 무력충돌로 무수한 왕조전쟁이 벌어졌을 때도 결코 특정 왕조에 충성을 맹세하지 않았다. 그리고 민족주의가 생겨난 근대 이전의 전쟁에서 그 주역은 용병들이었다. 아니, 그보다는 용병은 고대 오리엔트 이래 시민군, 봉건 정규군, 징병군과 나란히 할 수 있는 가장 기본적인 군사제도의 하나였다. 즉 아주 옛날부터 충성심이나 조국애 같은 관념과는 완전히 반대 위치에 있던 용병들이 전쟁을 담당해왔다는 뜻이다. 그러던 것이 어느 샌가 민족주의로 인해 엄청난 수의 사람들이 조국을 위해 몸을 버리는 국민전쟁으로 변한 것이다.

그렇다면 역설적으로 용병들의 역사를 들여다보면 혹시 근대 민족주의의 구조가 어렴풋이나마 보일지도 모르겠다.

이러한 약간의 기대를 갖고 이 책을 썼다.

저자
기쿠치 요시오

제1장
크세노폰의 도주극

펠로폰네소스 전쟁의 지도자 페리클레스

세계에서 두 번째로 오래된 직업

'세계에서 가장 오래된 직업'인 매춘과 용병 산업은 비슷한 점이 많다.

고대 오리엔트 역사 자료에 의하면 매춘은 종교와 밀접한 관계가 있었다. 일반적인 결혼이 금지된 무녀는 불특정 다수의 상대와 성관계를 맺는데, 이것이 이른바 신성창부(神聖娼婦)이다. 아울러 '처녀 무녀'가 등장한 것은 부권전제국가 체제가 확립되고 나서의 일이다. 어쨌든 세속의 매춘은 이 신성창부의 계보를 잇는 모양이어서, 매춘하는 곳을 '여자 수도원'이라며 종교적 용어로 부르는 관습이 남게 되었다.

그러고 보니 방화, 강도, 살인, 약탈 등 온갖 악행을 저질렀던 16세기 독일 용병부대(란츠크네흐트, landsknecht)는 뻔뻔스럽게도 자신들의 부대를 숭고한 사명을 가진 기독교 기사단과 비교하고 있다. 물론 용병의 기원이 종교에 있는지는 확실치 않지만, 그러나 전쟁이 종교와 밀접한 관련이 있다는 것만은 틀림없는 사실이다. 전쟁이란 즉 '신의 뜻'이었던 것이다. 그러므로 고대 오리엔트 사람들은 전쟁을 해도 좋을지 아닐지를 점을 쳐서 알려고 했다. 그렇게 해서 신이 전쟁을 바란다는 점괘가 나오면 곧바로 병사를 소집한다.

그런데 고대 오리엔트 군사제도에는 훗날의 '국군'에 해당하는 '시민군'이란 존재가 없었다. 전제국가 체제하에서 '시민' 그 자체가 존재하지 않았으니 어쩌면 당연한 일일 것이다. 그래서 정복지의 민족으로부터 강제로 징발된 병사와 용병으로 군대의 대부분을 채웠다.

즉, 매춘과 용병은 머잖아 고대 그리스, 로마, 기독교 문화로 발전해가는 유럽 문명의 초석을 쌓은 고대 오리엔트 시대에 이미 자신의 몸을 팔아 돈을 버는 서글픈 직업으로서 존재하고 있었던 것이다. 매춘과 용병의 가장 큰 공통점은 그 오랜 역사에 있다. "매춘이 세계에서 가장 오래된 직업이라면 우리들 용병은 세계에서 두 번째로 오래된 직업이다"라는 20세기의 어느 용병대원의 말이 결코 틀린 말은 아니리라. 여하튼 용병제는 고대 오리엔트에서 가장 기본적인 군사제도의 하나로 편입되어 있었다.

고대 오리엔트 국가들은 일부를 제외하고 상비군을 두지 않은 채, 유사시에 각지에서 강제로 징발한 병사와 용병으로 군을 편성했다. 이러한 오합지졸 군대에게는 통일된 훈련과 규율이라는 개념이 아예 없었다. 아무리 대부대이고 강병 집단이라도 어딘가 약점이 있었다. 그리고 그 약점이 크세노폰이 이끄는 1만 명의 그리스인 부대(만인대[萬人隊])가 적지 페르시아 제국에서 간신히 도망쳐 나올 수 있었던 가장 큰 이유가 되기도 했다.

크세노폰의 만인대

크세노폰이 이끄는 1만 명 그리스인 부대란 무엇일까?

크세노폰(Xenophon, B.C. 430?~B.C. 355?, 고대 그리스의 역사가)은 소크라테스의 제자로 플라톤과 함께 수학한 고대 그리스의 철학자라는 이미지가 강하지만 그는 본래 군인이었다. 고등학교 윤리 시간에 《대화편》을 어렵게 읽은 경험이 있는 사람들이 많을 것이다.

크세노폰은 아테네의 명문가에서 태어나 소크라테스의 문하생이 되었다. 기원전 401년, 페르시아 왕 아르타크세르크세스 2세(Artaxerxes Ⅱ, B.C. ?~358?)의 아우 키루스(Cyrus)는 형의 왕위를 노린 모반을 일으켜 바빌론으로 쳐들어가려고 대규모 군대를 모집했다. 이때 크세노폰은 스승의 충고를 듣지 않고 원정군에 참가했다. 그러나 전투에서 참패하고 키루스가 전사하자 크세노폰은 페르시아의 적진을 탈출해, 아르메니아에서 흑해 연안을 지나 소아시아까지 온갖 고난을 겪으며 장장 6천 킬로미터나 되는 거리를 거쳐 간신히 조국 아테네로 귀환할 수 있었다. 그때 그의 뒤를 따른 사람들이 1만 명의 그리스 용병대였다. 이 대부대의 도주극에 관한 것을 크세노폰은 자신의 저작 《아나바시스Anabasis》에서 자세히 적고 있다.

1만 명이나 되는 그리스 용병대가 페르시아 왕가의 형제간의 골육상쟁에 좋아서 관여한 것도, 키루스 왕자에 심취해 있던 '크세노폰의 변명'에 감동받아서도 아니었다. 그들 대부분은 생활이 궁핍했기 때문에 바다를 건너 용병 일에 뛰어든 것이다. 즉 그들은 페르시아 왕자 키루스에게 고용된 용병이었다.

키루스가 그리스 용병을 사열하며 병사 수를 점검했을 때, 총인원은 중장 보병 1만1천 명, 경무장 보병 2천 명이었다고 크세노폰은 적고 있다. 총인원 1만3천 명 중 1만 명이 패전 후, 6천 킬로미터나 되는 적진을 도망쳐 나온 것이다. 그렇더라도 2400여년 전 고대 그리스에 용병이라는 직업이 존재했다니 놀라운 일이다.

고대 그리스 도시국가의 군대는 '시민군'이 중심이었다. 병역은 시민에게 직접세 같은 것이었다. 무기와 장비도 자비로 마련했고, 도시공동체 구성원으로서 대가를 바라지 않는 애국적 헌신이었다. 적어도 초기에는 그랬다. 그런데 여기서 말하는 시민이란 예를 들면 도시국가 아테네에 사는 모든 주민을 가리키는 것이 아니다. 어느 기록에 따르면 기원전 431년 아테네의 인구는 23만 명이라고 한다. 그 가운데 체류 외국인과 그 가족이 3만 명, 노예가 8만 명, 그리고 시민과 그 가족이 12만 명이다. 만일 한 가족이 평균 네 명이라고 하면 시민이라고 불릴 수 있는 사람은 3만 명 정도가 된다.

이들이 중소 토지를 소유한 '시민'이다. 즉 시민이란 토지의 소유가 허용된 사람들을 가리킨다. 더구나 그 자격은 부모가 모두 아테네 사람이어야 한다. 그래서 오랫동안 아테네에 살며 문화국가 아테네의 이름을 드높인 아리스토텔레스조차 아테네 시민이 될 수 없었다.

그런데 병역 의무는 아테네 시민에게만 있었다. 아니 엄밀히 말해, 그들에게만 병역 자격이 주어진다고 말할 수 있다. 병역은 시민에게 있어 자신들의 사회적 지위를 보여주는 일종의 긍지이기도 했다.

물론 이러한 이상적인 군사제도는 오래 지속되지 않았다. 도시국가는 이러한 이상적인 군제를 운용해 이윽고 제국주의적인 대외 팽창에 나서며 많은 식민지를 획득했다. 계속되는 원정으로 중소 토지 소유자인 시민군은 자신의 토지를 경작할 틈이 없었다. 거기다 식민지에서 수탈한 부(富)가 도시국가로 유입되면서 건전한 자급자족 체제가 붕괴되고 화폐경제가 도래했다. 화폐경제의 발달과 함께 중소 토지 소유자인 시민이 경제적으로 몰락하면서 아무 대가도 없는 병역을 꺼려하게 되었다. 그러자 출정하는 병사에게 일당을 지급하기 시작했다.

원래 국민의 의무였던 애국적 헌신을 화폐가치로 환산하는 풍조는 용병에 의존하는 풍조와 비슷하다고 할 수 있다. 이러한 불가피한 사정이 도시국가를 강타하자 이전에는 시민의 긍지였던 시민개병(의무병역제) 제도가 무너지고 용병에 의존하기 시작했다. 그리고 그것은 확고한 번영을 자랑하던 도시국가의 붕괴 조짐이기도 했다.

아테네의 쇠퇴와 용병의 발생

아테네는 계속해서 몰락의 길을 걷게 된다.

앞에서 말했던 기원전 431년은 **펠로폰네소스 전쟁**(Peloponnesian War)이 시작된 해이기도 하다. 이 전쟁은 아테네를 맹주로 하는 델로스 동맹과 스파르타를 맹주로 하는 펠로폰네소스 동맹이 그리스의 패권을 놓고 치열한 싸움을 벌인 그리스 내전이다.

■■■
펠레폰네소스 전쟁
기원전 431~404년 아테네와 스파르타가 각각 자기 편 동맹 도시국가들을 거느리고 싸운 전쟁. 스파르타의 승리로 끝났으나 고대 그리스 멸망의 원인이 되었다.

그리스는 약 반세기 전에 오리엔트를 통일한 페르시아 제국의 침공에 맞서 모든 도시국가가 하나로 뭉쳐 이에 대항했다. 네 차례에 걸친 페르시아 전쟁(B.C. 492~B.C. 449)에서 그리스 모든 도시의 유례없는 단결로 결국 강적 페르시아의 침공을 물리쳤다. 그 잔혹했던 전란의 피비린내가 가시기도 전에 또 다시 내전에 돌입하다니, 인간은 참으로 '고생은 함께 할 수 있어도 부귀는 함께 할 수 없는' 모양이다. 여하튼 이 미증유의 그리스 내전이 그리스 각 도시국가를 몰락의 길로 내몰았다. 특히 아테네는 심각한 위기에 봉착했다.

아테네 시민으로 펠로폰네소스 전쟁에 참가했던 투키디데스(Thukydides, B.C. 460?~B.C. 400?)는 이 당시의 아테네군 진용을 중장 보병 1만3천 명, 요새와 성벽 수비병 1만6천 명, 기병은 기마궁병을 합해 1천2백 명, 궁병 1천6백 명, 취항 가능한 삼단노선 3백 척이라고 그의 저서 《펠로폰네소스 전쟁사》에 적고 있다. 즉 육군이 3만2천 명, 함선에 6만 명, 합해서 약 9만여 명이다. 즉, 앞서 말한 3만 명이라는 시민으로는 도저히 동원할 수 없는 숫자이다.

후세의 역사가들은 이를 두고 의아해한다. 당시 아테네에 이 정도의 동원력이 있다고는 생각할 수 없기 때문이다. 적어도 앞서 말했던 아테네시의 기원전 431년 당시의 추계 인구로는 이런 인원이 나올 수가 없다.

대체로 고대 그리스나 로마의 역사가들이 서술한 숫자는 터무니없는 것이 많다. '역사의 아버지'라고 불리는 헤로도토스(Herodotos, B.C. 484?~B.C. 425?)도 페르시아 전쟁의 승패를 갈랐던 **마라톤 전투**(Battle of Marathon)에서 아테네군은 8스타디온(stadion, 고대 그리스의 길이 단위. 1스타디온은 약 185.05미터) 앞에 있는 페르시아 군을 향해 구보로 돌격했다고 적고 있다(헤로도토스의 《역사》).

■■■■
마라톤 전투
기원전 490년, 제2차 페르시아 전쟁 때 아테네를 공략하기 위해 마라톤 평야에 상륙한 페르시아 군대를 맞아 약 1만 명의 아테네군 중무장 보병군이 대승리를 거둔 전투.

8스타디온은 약 1천5백 미터다. 아테네군은 방패와 검과 창을 가지고 갑옷을 두른 중장 보병이다. 더구나 **팔랑크스**(Phalanx)라 불리는 밀집방진(密集方陣) 전술을 채택하고 있었다. 그런데도 단숨에 1천5백 미터나 달릴 수 있겠는가. 이 진형으로 형태를 무너뜨리지 않고 달려가는 것은 고작해야 150미터라고 후세의 역사가들은 말하고 있다.

고대 그리스 용병

확실히 이야기와 역사학이 미분화된 시대의 사서에는 중국의 '백발삼천장(白髮三千丈, 흰 머리털의 길이가 삼천 길이란 뜻. 중국 문학의 과장적 표현으로 널리 인용되는 문구)'식의 과장된 표현이 많다는 사실은 부인할 수 없다. 그 당시 '역사'는 시처럼 문학

제1장 크세노폰의 도주극

팔랑크스 밀집방진을 사용하는 고대 그리스 부대 혹은 전술을 말한다. 고대 그리스 보병들은 잘 훈련받은 병사들이 아니라 무장을 갖춘 시민집단이라, 유기적인 연결에 집중하게 된다. 투구, 흉갑, 방패 등으로 몸을 가리며 병사들끼리 바짝 붙이는 밀집방집을 사용하게 되었다.

예술이었고 어떤 의미에서는 산문시였다. 그렇다면 사실을 왜곡하면서까지 문장 부풀리기에 심취하고 있었는지도 모른다.

그래서인지 이것은 '역사'가 아니라 어디까지나 각 '기록'일 뿐이라며 일체의 미사여구를 배제하면서 사실에 입각해 갈리아 해전을 담담히 서술한 카이사르의 《갈리아 전기》에 대한 후세 역사가들의 평가는 높다. 한데 이 책에서조차 카이사르의 과장된 표현이 군데군데 눈에 띈다고 지적되고 있다.

그러나 고대 그리스와 로마의 역사서에서 서술한 숫자가 설령 실제와 크게 차이난다 해도 그것은 틀림없이 당시 사람들의 진솔한 감정 표현이었을 것이다. 즉 아테네는 펠로폰네소스 전쟁에서 모든 것을 건 단판승부에 나선 것이다. 병사가 아무리 많아도 부족했다. 아테네 시 당국은 필사적으로 병사들을 끌어모았다.

그래서 우선은 출정 시민군에게 일당을 지급하기 시작했지만 이는 어쩔 수 없는 일이었다. 좀더 심각한 것은 가장 중요한 시민군에 해당하는 자가 격감했다는 사실이다.

전쟁이 발발한 이듬해 아테네에 전염병이 덮쳤다. 제1차 세계대전 후에 스페인독감이 전세계적으로 1천7백만 명의 목숨을 앗아간 것처럼 예로부터 전쟁 피해자보다도 전염병으로 희생된 사람이 훨씬 많았다. 그리고 당시 아테네의 피해는 심각해서 현명한 지도자 페리클레스(Perikles, B.C. 495?~B.C. 429)도 이 전염병으로 죽었다. 아테네에 병역 가능한 시민이 동나버린 것이다. 그러자 아테네시 당국은 전쟁 수행을 위해 마침내 크레타(Creta)섬과 발레아레스 제도(Islas Baleares, 이베리아 반도 북동쪽에 위치. 현재 스페인령)에서 다수의 용병을 고용하기로 결정했다.

많은 수의 용병을 고용한 것이 일시적으로 성공을 거둬 아테네는 잠시나마 우세할 수 있었다. 그러나 페리클레스의 뒤를 이은 지도자들이 모두 지나치게 호전적이어서 아테네는 창을 거둘 수 있는 적당한 시기를 놓치고 말았다.

한편 스파르타는 아테네에게 패배하고 평화협정을 제안했지만 거부당하자, 페르시아와 손잡고 해군력을 증강해 흑해의 제해권을 장악하고 아테네로 가는 곡물 수송을 금지시켰다. 결국 아테네는 스파르타에 항복하고 말았다.

그때부터 아테네는 몰락의 길을 걷기 시작했다. 그후로 일시적으로 국력이 부흥되기도 했지만 마지막 다 타버리기 직전의 초 한 자루에 불과했다. 그리고 이 내전의 상처는 승자인 스파르타에게도 깊은 상처자국을 남겼다. 그리스 전체가 가라앉는 지각 변동이 일어난 것이다. 이렇게 해서 그리스인들은 생활이 곤궁해 자진해서 외국에 고용되는 용병으로 전락하고 말았다.

이것이 크세노폰의 《아나바시스》에 이르기까지의 대략적인 역사이다.

여기서 짚고 넘어갈 점이 있다.

귀족의 권력 독점이 무너지고 민주제가 실현

■ ■ ■
《아나바시스(進軍記)》
전7권. 기원전 379~371년의 저작. 《1만인의 퇴각》이라고도 한다. 문체가 간결하고 명문이어서 그리스어 교과서로도 사용된다.

됐을 때, 그리스 도시국가는 전성기를 맞이한다. 공동체 구성원인 시민은 의심의 여지도 없이 조국 방위를 위해 몸을 던졌다. 그런데 이러한 국력 증대는 제국주의적인 대외 침략과 식민지 건설 붐을 일으켰고, 동시에 화폐경제가 밀려왔다. 그 결과 시민 사이에 빈부 격차가 확산되었다. 이전에는 애국적인 헌신이었던 병역을 일부 시민이 기피하게 되면서, 병역에 일당을 지급하기 시작했다. 그렇게 해서 병역은 한 사람의 직업이 되어갔다. 그리고 도시국가도 몰락의 길을 걷기 시작했다.

이윽고 병역을 담당할 시민 계층이 경제적으로 몰락하고, 게다가 도시국가 자체가 전염병 같은 재앙에 대응할 수 없는 취약함을 드러내자 당국은 어쩔 수 없이 용병에 의존하기 시작했다. 그리고 국가는 쇠퇴의 길로 접어들었다. 즉 시민 정규군이 해체되기 시작했을 때 군인으로서의 용병이 대량으로 발생한 것이다.

정규군의 해체란 사회 근간의 붕괴를 의미한다. 그리고 사회 근간이 무너지면 어느 시대든 민중이 그 직격탄을 맞는다. 이러한 정신적 공황에서의 유일한 탈출구가 인간에게 있어 최대의 공포에 해당하는 죽음과 직결된 전쟁밖에 없을 때, 민중은 먹고 살기 위해 전장으로 몸을 던졌다. 즉 역사의 표면에서 알렉산더 대왕과 카이사르, 또는 나폴레옹 같은 영웅들이 화려한 접전을 벌이고 있을 때, 그 이면에서는 굶주린 민중들이 용병으로 변신해 오로지 먹고 살기 위해 전장에서 뒹굴었던 것이다.

제2장
팍스 로마나의 종말

로마군을 징병제에서 지원병제로 전환시킨 가이우스 마리우스

병역은 로마 시민의 긍지

그 어떤 기술보다도 군사 기술의 전파 속도는 놀라울 만큼 빠르다.

고대 그리스에서 맹위를 떨쳤던 중장 보병의 밀집방진 전술(Phalanx)은 이후 그리스를 정복한 마케도니아에서 개량되어 알렉산더 대왕(재위 B.C. 336~B.C. 323)의 대제국 건설에 큰 몫을 담당했다. 당시 이탈리아 반도의 일부분을 차지하던 작은 도시국가 로마에 이 전술이 도입되기까지는 채 백 년도 걸리지 않았다.

로마는 밀집방진 전술을 에트루리아(Etruria, 에트루리아인이 거주하며 세운 고대 이탈리아의 지명. 지금의 토스카나 지방)로부터 배웠다. 에트루리아는 지금의 피렌체 시를 중심으로 한 토스

로마의 밀집방진

카나 지방에 살면서 그리스 문화를 계승한 이탈리아 반도에서 가장 앞서가는 선진 민족이었다. 그러다 기원전 3세기경 로마에 멸망당했다.

도시국가 로마는 이탈리아 반도의 패권을 잡은 뒤, 첫 해외 속주인 시칠리아의 획득을 시작으로 잇따라 제국주의적인 대외팽창 정책을 추진했다. 기원전 3세기 후반 경부터 공화제 로마는 제정으로 공식화된 것은 아니지만 사실상 '고대 로마제국'이 되어 있었다.

로마인은 법률작성 능력과 토목작업의 천재였다. 둘 다 합리적인 사고가 아니면 도저히 성공할 수 없는 분야이다. 이 합리적인 정신이 무적의 군대를 만들어냈는데, 바로 군대의 효율적인 조직화, 군사훈련, 엄격한 규율이 로마인에 의해 발명되었다.

특히 군사훈련에 있어서는 타의 추종을 불허했다. 로마인만큼 "훈련과 연습 없이 용감한 장수 없다"는 진리를 몸소 보여준 사람은 없다(《로마제국 쇠망사》 E. 기번). 라틴어로 '군대'라는 명사는 '훈련'을 의미하는 동사에서 파생되어 나온 말이다.

그렇다면 로마군 병사는 밤낮을 가리지 않는 혹독한 훈련을 어떻게 견뎌낼 수 있을까? 애초에 로마군은 어떻게 조직됐을까?

고대 그리스군처럼 로마군 역시 로마 시민이 주축을 이루고 있었다. 시민이란 일정 이상의 자산을 가진 자를 말하는데, 자산이라고는 자식들밖에 갖지 못한 무자산 계층은 병역이 면제되었다. 즉 병역은 로마 시민으로서의 긍지였다.

병역의 자격을 갖는 로마 시민의 이런 명예심을 보장하는 것은 극소수의 권력자들이 함부로 좌지우지할 수 없도록 정교하게 짜

여진 로마의 법체계에 있었다. 로마법에 의하면, 정규군 편성권을 갖는 임기 1년의 집정관이 소집하면 모든 로마 시민은 장창(長槍), 검, 방패, 갑옷을 자비로 갖추고 달려가야 한다.

이러한 군대는 강하다. 기원전 3세기에 로마 정규군은 4군단이었고, 각 군단의 병사 수는 기병 3백 명, 보병 4천2백 명이었다. 게다가 로마에 복속된 이탈리아 반도의 동맹 도시에서도 지원해왔다. 이렇게 해서 로마의 해외 원정이 시작되었다.

우선은 지중해의 패권을 놓고 아프리카의 대국 카르타고와 격돌했는데, 거의 백년 동안 3차에 걸쳐 싸운 포에니 전쟁(Punic Wars)이 그것이다. 포에니 전쟁은 제2차전(B.C. 218~B.C. 201) 때, 카르타고의 무장 한니발(Hannibal, B.C. 247~B.C. 183)이 알프스를 넘어 감행했던 공격으로 유명하지만, 여기서는 제1차전(B.C. 264~B.C. 241)에 주목해야 한다.

제1차 전쟁의 무대는 시칠리아 섬이었다. 이 전쟁에서 패한 카르타고는 로마와 강화조약을 체결한 후 병사들을 데리고 아프리카로 철수해야만 했다. 그런데 이 병사들의 카르타고 귀환 후가 더 큰 문제가 되었다. 카르타고는 해외무역으로 막대한 부를 축적했지만 포에니 전쟁에서의 패전으로 재정이 바닥나 병사들에게 급료로 지급할 돈조차 없었다.

즉 카르타고 군은 로마군처럼 시민개병제에 의한 징병군이 아니라 대부분이 용병군으로 구성되어 있었다. 카르타고 용병들은 골족(켈트족), 이베리아인, 리구리아인, 발레아레스인, 혼혈 그리스인 등 대부분이 탈주 노예로 아프리카 사람이 대다수를 차지하고 있었다. 그 수가 모두 합해서 12만 명을 넘어섰다고 한다. 그런데 전쟁이 끝나도 용병들은 각자의 고향으로 돌아가지 않고 끈질기게 급료 지급을 요구했다. 그러나 카르타고에는 그들에게 줄 돈이 없었고 결국 용병들의 반란이 일어날 수밖에 없었다.

용병들은 오랫동안 카르타고의 속지였던 리비아를 비롯한 각 도시에 공동전선을 펼 것을 제의하고 정식으로 카르타고에 반기를 들었다. 이것이 3년 4개월 동안 계속된 '아프리카 전쟁'이다.

물론 잘못한 것은 카르타고였다. 결국 카르타고는 명장 하밀카르 바르카스(Hamilcar Barcas, B.C. 270?~B.C. 228)의 뛰어난 작전으로 용병의 반란을 가까스로 진압할 수 있었다. 바르카스는 나중에 2차 포에니 전쟁에서 로마군을 격파한 한니발의 아버지이다.

그러나 이 진압 작전으로 4만 명이나 되는 용병이 살육 당한 '가장 잔인하고 부도덕한 전쟁'으로 카르타고의 운명이 끝났다고 해도 좋을 것이다. 로마를 상대로 벌인 제2차, 제3차 포에니 전쟁은 설령 명장 한니발이 알프스를 넘은 전대미문의 활약이 있었다 해도 그 결과는 뻔했다.

자긍심에 고취된 시민개병제 로마 시민군과 해양상업국가 카르타고가 각지에서 끌어모은 오합지졸 용병군과는 애초부터 상대가 되지 않았다. 이렇게 해서 7백 년에 걸친 영화를 자랑하는 카르타고는 멸망하고 로마의 속주가 됐다. 이때 로마는 건국 6백 년을 맞이하고 있었다.

시민군에서 지원병제로

로마는 시칠리아, 사르데냐, 코르시카, 스페인, 마케도니아, 북아프리카를 잇달아 정복해 속주로 삼았다.

이탈리아 반도의 동맹도시는 로마에 대해 군사 의무만을 지고 있었지만 속주는 군역에다 납세 의무까지 부담해야 했다. 그렇게 각 속주로부터 막대한 부가 로마로 흘러들어오면서 로마에도 화폐경제가 밀어닥쳤다. 계속되는 해외 원정과 화폐경제의 침투로 말미암아 로마 시민의 빈부 격차가 심해지고 중소 토지 소유자는 경제적으로 몰락해갔다. 무적을 자랑하던 로마 시민군의 한쪽이 무너져가고 있었던 것이다.

로마 시민군에게는 포에니 전쟁 당시부터 출정 병사에게 일당이 지급됐지만 그것만으로는 도저히 해결될 수 없는 상황이 되었다. 그러는 사이에 기원전 109년 일명 **유구르타**(Jugurtha) 전쟁이라는 전투가 시작되었다. 이는 북아프리카에 있는 로마의 동맹국 누미디아(Numidia) 왕국(알제리의 고대 국가)의 내란이 그 발단이었다. 로마는 직접적인 군사 개입을 결의했다.

■■■
유구르타(B.C. 160?~B.C 104)
북아프리카 누미디아의 왕. 백부의 양자가 되어 친아들 형제를 죽인 뒤 왕위에 올랐다. 결국 로마가 개입하면서 유구르타에게 전쟁을 선포한다. 기원전 104년 로마로 잡혀와 처형당했다.

그러나 생각처럼 병사가 모이지 않자, 로마 정부는 병역 자격의 기준으로 삼는 자산액을 과감히 내려 병사를 끌어모았지만, 그래도 로마군은 고전을 면치 못했다. 그러자 정부를 비난하는 로마 시민들의 소리가 들끓었다. 그리고 기원전 107년 평민 출신 가이우스 마리우스(Gaius Marius, B.C. 157~B.C. 86)가 집정관으로 선출되었다.

유구르타 전쟁의 총사령관이 된 마리우스는 생각처럼 병사가 모이지 않자 고심 끝에 과감하게 군제 개혁에 착수했다. 즉 병역 자격을 완전히 폐지한 것이다. 이것은 징병제에서 지원병제로의 전환을 의미했다. 지원병이라 해도 예를 들면 1936년부터 시작됐던 스페인내전 때, 프랑코 장군이 이끄는 파시스트군에 저항해 자신들의 이념을 좇아 인민전선 측에 지원했던 국제 의용군과는 그 의미가 다르다.

마리우스의 호소에 부응해 지원한 것은 화폐경제의 소용돌이 속에서 농지를 잃거나 실업에 내몰린 사람들이 태반이었다. 군대에 지원하면 급료를 받을 수 있어, 이 군제 개혁은 실업 대책의 일환이기도 했다. 이렇게 해서 로마의 군역은 시민의 의무가 아니라 직업으로 바뀌었다.

이 군제 개혁으로 로마는 군비 증대를 이루었다. 1군단은 10대대, 3중대, 2백인대, 모두 합해 보병 6천 명이 기본이었다. 그러나 군단 병사의 질은 급속히 저하되었다. 몰락한 시민이 전리품이나 토지 배분을 바라고 군대에 몰려들었다. 하지만 군단은 상비군이 아니라 전쟁이 날 때마다 편성되었다. 즉 전쟁이 끝나면 병사들은 곧바로 실업자가 된다는 의미였다. 병사들은 자신들의 생계를 군단장인 장군에게 의지할 수밖에 없었고 장군들도 막대한 빚을 지면서까지 병사들을 양성했다. 이렇게 되자 각 군단은 장군들의 '사병(私兵)'이나 다름없었다.

이러한 '사병'들을 배경으로 장군들이 각축을 벌였다. 로마는 내란에 돌입하고 최후의 승자가 된 율리우스 카이사르(Julius Caesar, B.C. 100~B.C. 44)가 로마 제정의 길을 열었다.

용병의 시대가 시작되다

로마 제정 확립은 곧 상비군의 성립을 의미했다. 30~35개 군단 규모였다. 제국은 급료 외에도 의식주의 보장과 퇴직금 제도를 갖춰 병사를 확보하는 데 힘썼다. 그러나 군단만으로는 광대한 제국의 영토를 도저히 방위할 수 없었다. 그래서 지금의 프랑스, 네덜란드, 벨기에, 스위스를 비롯해 갈리아, 그리고 브리튼섬과 서유럽 각지에 있었던 속주들로부터 '보충병'으로서 병사를 끌어모았다. 각지를 돌아다니는 군단병과 달리 보충병은 자신들이 태어나고 자란 속주 방위만 맡았다. 더구나 25년 동안 군복무를 하고 나면 로마 시민권을 얻을 수 있다는 솔깃한 보상이 따랐다. 로마 시민권은 세습이므로 군복무를 무사히 마치면 보충병의 자식은 어엿한 로마 시민이 되는 것이다. 그러자 보충병 지원자가 몰려들었다. 이렇게 해서 로마 병사는 로마 본토인 이탈리아 반도 출신이 아닌 사람들이 다수를 차지하게 되었다.

어쨌든 이러한 지원제도 하에서 병사들은 직업군인이 되어 용병화의 길로 나아갔다. 여기에 박차를 가한 것이 212년 카라칼라

(Caracalla) 황제가 내세운 '제국 내의 거의 모든 자유민에게 로마 시민권을 부여한다'는 정책이다. 이로 인해 속주민들로서는 군대에 지원하는 매력이 크게 반감되었다. 힘들고 지저분하고 위험한 일을 하지 않아도 로마 시민이 될 수 있는 것이다. 특히 일찍부터 로마에 동화되어 로마 문명의 혜택을 입고 있던 갈리아인은 더 이상 군대에 몸을 담고 싶어하지 않았다. 이렇게 해서 로마제국 내 병사의 인적 자원이 고갈되어갔다. 그 결과 제국 밖의 이적민이었던 게르만인이 용병으로서 로마군의 중요한 지위를 차지하게 되었다.

이 무렵 중앙아시아로부터 전해진 기병(騎兵) 전술이 재평가되고 있었다. 기병에 관한 한 오랫동안 밀집방진 전술에 익숙해 있던 로마군단보다는 게르만족이 훨씬 뛰어났다. 물론 북아프리카로 눈을 돌리면 전투적 기마민족인 누미디아인이 용맹을 떨치고 있긴 했다. 그러나 그런 우수한 기마민족을 고용하려면 막대한 비용이 들었다.

당시 로마제국의 경제는 군인황제 시대의 할거주의에 따른 전란과 스페인과 카르파티아 산맥(구소련, 루마니아, 폴란드, 체코, 슬로바키아, 헝가리에 걸쳐 있다)에 있는 금광의 고갈로 금본위에서 농지본위로 바뀔 수밖에 없었다. 로마제국은 조금의 비용이라도 아껴야 했는데, 그때 마침 게르만인이 싼값에라도 기꺼이 용병에 뛰어들었다. 특히 디오클레티아누스(Gaius Aurelius Valerius Diocletianus, 245?~312?) 황제 때는 총 50군단이라는 극단적인 군비 증강책으로 게르만 용병의 수는 비약적으로 증가했다.

오도아케르의 권력 찬탈

로마제국은 오현제(五賢帝)를 배출하고 '팍스 로마나(Pax Romana, 로마의 평화)'라고 칭송받던 3세기까지의 전성기를 지나자, 점차 말기 증상이 나타나기 시작했다. 로마제국의 판도가 지나치게 확장된 것이다.

제국은 디오클레티아누스 황제가 실시한 사분통치(四分統治, 로마제국을 4개로 나누어 통치하는 것)로부터 시작해 395년, 제국이 완전히 동서로 분열되는 길로 나아갔다. 제국 시민으로서의 정체성은 이미 오래 전에 잃어버렸다.

특히 동서로 분열되기 이전 역대 황제들이 실시해온 동방 중시 정책 때문에 제국정부로부터 내팽개쳐지고, 게르만족의 침입을 받던 서로마제국에서는 각지에서 실력자들이 제멋대로 황제를 자처하여, 일설에 따르면 무려 30명이나 되는 가짜 황제가 나타났다고 한다.

군대는 게르만인 용병이 영향력을 행사했다. 그들이 근위대의 요직을 차지한 것이다.

어느 전제정치 체제의 피로도가 극에 달해 붕괴조짐을 보이고, 정권 내부에서는 격렬한 권력투쟁이 일어나는데 지배자 주변에는 온통 적들만 있고 의지할 수 있는 무력 장치도 없다. 그럴 경우 지배자는 기존 지배 기구의 범주밖에 있어 무시했던 무인들을 측근으로 끌어들이고 점점 더 전제정치를 펴나가게 된다. 그리고 갑작스레 권력 내부로 들어온 이방인들이 어느 샌가 권력을 차지하고

오도아케르 게르만족 출신으로 용병을 조직하고 476년 오레스테스를 죽이고 로물루스를 폐하여 서로마제국을 멸망시키고 이탈리아 왕이 되었다. 그러나 이후 이탈리아에 쳐들어온 동(東)고트왕 테오도리쿠스에 의해 살해되었다.

만다. 이러한 일은 역사적으로 흔히 있는 일이다.

이렇게 해서 서로마제국은 근위연대 사령관을 지낸 게르만 부족인 스킬 족의 수장 **오도아케르**(Odoacer, 433~493)에게 이탈리아 반도의 지배권을 빼앗기고 결국 멸망했다. 476년의 일이다.

하지만 이 지배자 교체는 혁명이 아니었다. 일종의 왕정 쿠데타라고 할 수 있다. 사실 오도아케르는 서로마제국 판도에 대한 동로마제국의 종주권을 인정하고 그 자신은 동로마 황제가 위임한 서로마제국의 총독으로서 제국을 통치하는 형식을 취하고 있었다.

한데 오도아케르처럼 구 지배기구의 용병대장에 의한 권력 찬탈은 결국 그 구 지배기구의 마지막 지배자로 끝날 수밖에 없는 것인지도 모른다.

오도아케르 정권 또한 어이없이 무너지고 고대는 종언을 맞이했다. 마리우스의 군제 개혁으로 시작된 고대 로마제국 군사기구의 용병화는 제국 기구 그 자체를 붕괴시키고 서유럽을 혼란스런 중세로 접어들게 한 것이다.

제3장
기사의 시대

용병단을 합법화시킨 신성로마제국 황제 프리드리히 1세

전사계급의 탄생

서유럽은 한동안 혼란스런 상황이 계속되면서, 게르만 각 왕조가 흥망성쇠를 거듭했다. 그 사이 지금의 프랑스를 중심으로 메로빙거 왕조(481~751)가 번성했고, 이를 이은 카롤링거 왕조(751~978)가 서유럽 거의 전역을 지배했다. 이 위업을 완수한 카를 대제(샤를마뉴, 재위 768~814)는 800년 로마 교황 레오 3세에 의해 서로마 황제 자리에 오르면서, 이로써 서유럽은 동로마제국(비잔틴제국)의 정신적 예속에서 벗어나 서유럽으로서의 정체성을 확립해갔다.

메로빙거 왕조와 카롤링거 왕조를 거치면서 서유럽에서는 새로운 신분사회가 형성되었는데, 중세의 시인 프라이당크(Freydank)는 이렇게 노래했다.

신은 세 개의 신분을 만드셨다.

기도하는 사람

싸우는 사람

경작하는 사람

이러한 견해는 10세기 말경에 널리 확산되었다. '기도하는 사람'인 성직자는 그렇다 치고, '싸우는 사람'의 신분 고정화는 전쟁의 양상이 변화되고 그 결과 병농 분리가 상당히 진행되고 있음을 보여주고 있다.

전투는 밀집방진처럼 많은 인원의 보병이 아니라 소수의 기병으로 이루어졌다. 고대 로마제국에서는 사용되지 않았던 말의 편자가 보급되어 기병의 기동력이 훨씬 빨라졌고, 말을 달리면서 창으로 상대를 쓰러뜨리는 기동 전법을 채택하게 되었다. 이 전법은 보병을 물리치는 것은 물론, 길다랗고 좁은 배로 아무리 작은 강이라도 건널 수 있는 바이킹과 튼튼한 조랑말을 타고 질주해오는 헝가리 기병에 대해서도 매우 효과적이었다.

이렇게 해서 지금까지의 보병은 창과 검을 빼앗기고, 대신 쟁기와 괭이를 받아들고 오로지 농업에 종사하게 되었다. 즉 어떤 집단이 군사 전문가가 되어 전사계급을 형성하고, 경작하는 사람인 농민을 지배하는 구도가 생겨난 것이다. 그리고 중세의 무훈시 '롤랑의 노래'에서 "카를대제 자신이 뛰어난 전사이셨다"라고 노래한 것처럼 이 전사 집단의 정점에는 왕이 있었다.

예를 들면 866년 프랑스왕인 대머리왕 카를(카를 2세, 재위

875~877)은 군을 소집할 때 신하들은 반드시 말을 타고 출두하도록 엄명했다. 이때 소집된 기병은 단순히 말을 탄 병사가 아니라 군주에게 영지를 받고 그 은혜에 보답하기 위해 군주가 부르면 언제라도 달려오는 기사(knight)였다.

서유럽 대부분이 경제의 기본을 토지에 두는 봉건사회로 돌입했다. 그리고 봉건사회의 정규군을 담당한 기사들은 오로지 살생을 업으로 삼는 자신들의 살벌한 직업을 정화(淨化)시키는 이데올로기를 확립하려 애썼다. 말하자면 기사란 쓸데없이 칼을 차고 있는 게 아니라, 신을 섬기는 자로서 악행을 일삼는 자들을 응징하기 위해 신이 창조하신 축복받은 신분이라는 의미였다. 기사는 그리스도교와 교회에 봉사하는 '신의 전사'인 것이다. 이렇게 해서 십자군에 대한 열광을 정점으로 기사문화가 꽃피우기 시작했다.

아르바이트에 열심인 용병기사들

중세의 '고결하고 용감하고 덕 있는' 기사를 주인공으로 하는 기사문학의 정수 〈파르치팔〉(Parzival, 중세 독일의 볼프람 폰 에센바흐가 쓴 궁정 대서사시. 영국의 아서왕 이야기의 독일 버전)에 다음과 같은 구절이 있다.

용사는 그들의 참혹한 처지를 듣고 기사가 흔히 그러하듯 오늘이라도 보수를 받고 봉사하겠다고 말했다.
적의 공격을 맡아 싸우는데
얼마를 낼 생각이냐고 물었다.

주인공 파르치팔의 아버지이자 앙주(Anjou) 왕의 둘째아들인 가흐무렛(Gachmuret)의 모험담 1절에 나오는 구절이다.

일개 서민도 아닌 왕가의 피를 이은 버젓한 기사 가흐무렛이 사악한 무리 때문에 위기에 처한 사람들에게 '보수를 받고' 서비스하는 것을 말한 것이다. 즉 경호원이 되겠다는 셈이다. 더구나 이런 일은 '기사가 흔히 그러하듯'이라는 말에서 알 수 있듯이 매우 흔한 이야기인 듯했다.

사실 봉건시대 정규군인 기사가 아르바이트로 용병기사가 되는 일은 그리 드문 얘기가 아니다. 기사가 영주에게 봉사하는 최대의 길은 당연히 군역이었다. 군역은 영주와 기사 사이에 주고받은 봉신(封臣)계약에 정해져 있는 내용이었다. 대체로 일반적인 내용을 보면 기사가 자비로 군역을 이행하는 기간은 연간 40일이고 원정지도 따로 정해져 있다.

예를 들면 독일의 경우, 황제의 대관식에 참석하기 위해 가게 되는 로마 원정을 제외하고, 독일 이외의 지역에 출진할 의무는 없었다. 또한 독일 국내라 해도 강변까지다, 말을 타고 하루 왕복거리까지다, 주(州) 경계 안까지만이다, 라는 식으로 상세하게 제한되어 있었다.

그리고 이러한 제한 지역을 넘는 출진 요청에는 당연히 특별 수

당이 따랐다. 그러니 기사가 군주를 위한 군역 이외에 열심히 아르바이트로 용병 일을 해도 전혀 이상할 것이 없었다.

물론 기사가 아르바이트에 열심인 데는 그 나름의 이유가 있었다. 기사라 해도 그 수준은 천차만별이었다. 특히 독일의 경우 위로는 왕과 제후에서 아래로는 미니스테리알레(ministeriale, 중세 독일의 궁내직, 관리직에 종사하던 사람으로 왕가에 예속되어 있다)라고 불리는 비 자유민에서 올라온 사람까지 제각각이었다.

미니스테리알레는 말하자면 귀족 계급이 아닌 기사였다. 그들은 12세기에 이르면 봉토를 받은 귀족인 자유 기사와 거의 구별이 없게 된다. 그들은 프랑스와 영국의 가신과는 달리 어느 특정 영주에 대한 충성심이 희박했는데, 여러 명의 영주와 봉신 계약을 맺기 때문이었다. 그 중에는 황제를 제외하고 44명의 군주와 계약했다는 것을 자랑으로 삼던 미니스테리알레도 있다고 한다.

즉 기사가 용병 아르바이트를 열심히 하는 것에 대한 심리적 거리낌은 없었다는 뜻이다. 그리고 이러한 다중계약을 맺을 만큼의 실력이 없는 기사는 당연히 돈이 없었다.

일설에 따르면 갑옷, 투구, 검, 창, 방패, 모두 합쳐 30킬로그램의 장비를 완전히 갖춘 기사 한 사람을 양성하려면 150헥타르의 토지에서 나오는 수입이 필요하다고 한다. 기사가 돈에 쪼들릴 수밖에 없는 시대였던 것이다.

기사용병 시장의 탄생

11세기에 유럽은 경제적으로 크게 팽창하기 시작했다. 그리고 14세기에 중세 최대의 불황을 맞이하기까지 유럽의 경제는 계속 확대되었다. 독일과 프랑스의 하천에서 사금이 채취되고 알자스(Alsace), 슈바르츠발트(Schwarzwald), 티롤(Tirol), 슈타이어마르크(Steiermark), 하르츠(Harz) 등지에서 은이 생산되어 화폐 유통량이 비약적으로 증가해 유럽은 다시 화폐경제의 소용돌이에 휩쓸렸다.

그런데 이러한 경제적 팽창은 전쟁 수행 능력을 높이는 결과를 가져왔다. 1339년 영국과 프랑스 사이에 백년전쟁이 일어났고, 이를 뒤따르기라도 하듯 1348~1349년 페스트가 전 유럽을 휩쓸었다. 게다가 흉작마저 이어졌다. 전쟁과 전염병과 기아로 농업 인구가 감소했고 농민의 생활은 피폐해졌다. 이렇게 해서 유럽은 '14세기의 위기'를 맞이했다.

이러한 중세 최대의 불황은 소영주인 기사들을 곧바로 덮쳤다. 농업 인구의 감소에 따른 생산력 저하는 영주 수입의 감소로 이어졌다. 그리고 세상은 화폐경제 소용돌이의 한복판에 있었다. 기사 계급의 경제적 몰락이 시작된 것이다.

그러자 기사들은 오로지 현금 수입을 올릴 수 있는 길을 찾아다녔다. 그러는 사이 무상으로 제공했던 군주를 위한 군역을 금전으로 대납하고, 용병 일을 해서 그것을 웃도는 현금을 벌어들이는 기사도 생겨났다.

군주 역시 아무래도 제약이 많은 기사를 쓰기보다 그들이 군역을 피하기 위해 지불한 돈으로 용병을 고용하는 편이 훨씬 손쉽고 효율성 높은 군대를 갖출 수 있었다. 그렇게 함으로써 수요와 공급의 균형이 이루어져 유럽에 기사용병 시장이 출현한 것이다.

그럼 용병기사 시장은 구체적으로 어디에 있었을까.

가까운 곳으로는 소위 말하는 사투(私鬪)다. 사투란 강력한 공권력이 미치지 못하던 중세에 성행한 것으로, 법이 아닌 당사자 간의 싸움으로 처리하는 제도이다. 즉 예로부터의 법 관념에 따르면 자기의 권리를 침해받은 자는 혈연이나 친구의 도움을 받아 스스로 조치를 강구할 수 있다는 논리이다.

한데 이러한 권리는 항상 확대해석 되는 법이어서, 과연 그것이 정당한 권리행사인지, 아니면 완전히 사리사욕에 따른 폭력 행위인지 엄격하게 구별하기란 극히 어려웠다. 어쨌든 그러한 행위에는 다수의 힘을 필요로 할 수밖에 없었고, 그래서 보수를 바라고 기사들이 그 싸움의 조력자로서 분쟁지에 모여들었다.

이와는 조금 다른 얘기지만 고발인과 피고인이 결투로써 재판의 흑백을 가리는 이른바 '결투재판'이 있었다. 영국에서는 1819년까지 합법적이었던 이 결투재판에서조차 대리인을 고용하는 일이 많았는데, 이것도 용병의 일종이라고 볼 수 있다.

기사들은 자력 구제를 위한 무력 충돌이 있는 곳이면 어디든 모여들었다. 그리고 사소한 이유로 트집을 잡아 사투권에서 비롯된 권리라며 도시와 촌락을 약탈하는 기사가 속출했다. 기사들의 이러한 강도 같은 행동에 대해 독일에서는 황제가 종종 **란트 평화령**을 발포했다. 이는 평화령이라기보다 치안에 관한 조례로써, 이런

란트 평화령
중세 유럽, 특히 독일에서 국내 치안 유지를 위한 법률. 사적 결투의 제한, 금지 규정과 위반자에 대한 형사적 제재규정을 포함하여 중세 사회의 형사법제도 및 국가체제 발달에 큰 영향을 끼쳤다.

것이 수차례 발포됐다는 것은 사적 결투(私的決鬪)권에서 비롯된 난폭한 행패가 얼마나 끊이지 않는지를 보여주는 증거이다.

일본의 가마쿠라 시대(1180~1330, 일본 최초의 무신정권 시대) 무사의 경우에도 야습, 강도, 산적, 해적은 늘상 있는 일이었고, 들판이나 산에 숨어 산적질이나 해적질을 하는 것은 사무라이가 배운 대로 하는 것이었으니 동서양을 막론하고 봉건시대의 정규군인 기사란 대부분이 이런 부류의 사람들이었을 것이다.

어쨌든 뻔뻔스러운 이 기사들은 그 사이 무리를 조직해 강도 기사단을 결성하고 용병기사단이 되어갔다. 물론 전투는 기병만으로 가능한 것이 아니어서 용병단에는 당연히 보병들도 많이 있었다.

용병기사단의 돈벌이 장소는 도처에 널려 있었다. 독일의 경우는 이탈리아였다. 당시 독일은 '신성로마제국'이라고 자칭했는데, 즉 카를 대제가 일으킨 부활 서로마제국의 정통 후계 국가라는 것이다. 그러므로 북이탈리아는 당연히 독일의 영지라며 독일의 역대 황제는 수차례 이탈리아를 침략했다.

역대 독일 황제 중에서도 가장 많은 일화를 남기고 훗날 신격화되었던 독일 황제 프리드리히 1세(재위 1152~1190) 붉은 수염왕은 1164년, 1174년 두 차례에 걸쳐 이탈리아를 침공했는데 이때 황제의 군대는 용병단이 주력이었다. 서둘러 군대를 편성해야 했을 때, 황제의 신하인 독일 제후는 정해진 출진 의무를 온갖 핑개를 대며 좀처럼 움직이려 하지 않았다. 그래서 황제는 정규군 대신 플랑드르(Flandre) 지방과 브라반트(Brabant) 지방 출신자로 이루어진 용병부대 '브라반트단(團)'을 투입하기로 했다.

즉 황제는 봉건제도 하에서 군사 기구의 아웃사이더였던 용병단의 존재를 합법화했다고 볼 수 있다. 그리고 이후 프리드리히 1세와 하인리히 6세(재위 1190~1197) 황제의 직속 부대는 대부분이 용병이었다.

악명 높은 용병기사단

브라반트단 이외에도 스페인 피레네 산맥 일대 출신자들로 이루어진 아라곤(Aragon)단, 바스크(Basque)단, 나바라(Navarra)단 같은 용병단이 활개를 치고 다녔다. 모두 악명을 떨쳤지만 그 중에서도 브라반트단은 그 잔인성으로 증오와 공포의 대상이 되었다. 무엇보다도 용병단의 출현으로 기존 질서와 특권 계급, 귀족계급이 위협당할 위기에 놓여 있었다.

그래서 1179년 라테란 공의회(Lateran Councils)에서는 용병단을 이용해 전쟁을 수행하는 자는 파문한다는 결정을 내릴 정도였다.

1215년 영국에서는 귀족이 존 왕에게 **'대헌장(Magna Carta)'** 의 승인을 강요했는데, 이 대헌장에는 '왕국의 불명예가 될 만한 외국인 기사, 쇠구

■■■
대헌장(마그나카르타)
영국왕 존 왕이 귀족들의 강압에 의해 승인한 칙허장. 교회의 자유, 봉건적 부담의 제한, 재판 및 법률, 지방관리의 직권남용 방지 등 여러 규정을 포함하고 있다. 특히 일반 평의회 승인 없이 군역대납금, 공과금을 부과하지 못한다는 조항, 자유인은 재판이나 국법에 의하지 않고는 체포 구금할 수 없다고 정한 조항 등은 근대 헌법의 토대가 되었다.

슬 사수, 용병의 즉시 추방'을 규정한 조항이 들어 있다.

그리고 같은 해 로마 교황 인노첸시오 3세(재위 1198~1216)는 십자군을 불러들여 용병단을 파문하는 극약 처방을 내렸다. 그러나 파문 위협은 용병기사단(물론 보병도 포함되어 있다)에게 그다지 효과가 없었다. 오히려 로마 교황이 용병단이 일할 곳을 제공해준 셈이 되었다.

그 계기가 된 것은 11세기에 시작된 **십자군**(the crusaders)이다. 특히 십자군 열풍에 휩싸인 프랑스는 대규모의 기사를 성지로 보냈다. 어쨌든 현금 수입을 노리고 사투에 몰두하고, 끝내는 강도 같은 짓까지 서슴지 않던 기사들을 십자군은 '신의 전사'로 받아들여준 것이다. 이렇게 해서 기독교 사회는 용병으로서 일자리를 잃어버리자마자 강도로 변한 가장 성가신 존재를 십자군으로 방출시킴으로써 사투로써 사멸하는 것을 피할 수 있었다.

그러나 13세기 말 십자군 원정도 끝이 나고, 남아도는 전투 병력은 졸지에 갈 곳을 잃어버렸다. 곧 발발하는 프랑스와 영국 간의 **백년전쟁**도 1백년 동안 끊임없이 지속된 것은 아니었다. 수차례에 걸쳐 싸울 때마다 용병을 모집했다가 다시 해산하기를 반복했다. 실업을 두려워한 용병단은 일을 구하느라 전 유럽을 떠돌아다녔다. 물론 가는 곳마다 행패를 부려 촌락과 도시를 짓밟고 다녔음은 말할 것도 없다.

그리고 마침내 그들은 금맥을 발견했다. 중

십자군(십자군 전쟁)
11~13세기에 서유럽의 그리스도 교도들이 성지 팔레스티나와 예루살렘을 이슬람교도들로부터 탈환하기 위해 8차례에 걸쳐 감행한 대원정.

백년전쟁
중세 말 영국과 프랑스가 벌인 전쟁으로, 프랑스를 전장으로 하여 여러 차례 휴전을 거듭하면서 1337년에서 1453년까지 116년 동안 계속되었다. 명분은 프랑스 왕위계승이지만 실제로는 영토문제였다.

앙권력의 부재로 도시들이 분열과 항쟁을 거듭하고 있던 14세기의 이탈리아였다.

제4장
이탈리아 르네상스의 꽃
용병대장

밀라노 공작이 된 용병대장, 프란체스코 스포르차

한 나라의 운명을 움켜쥔 용병대장

이탈리아 반도는 서로마제국이 멸망한 후부터 강력한 중앙권력이 없는 채 시간이 흘렀다. 그리고 중세를 맞이하자 대략 세 지역으로 나누어졌다. 우선 카를 대제(Karl Magnus, 일명 샤를마뉴. 재위 768~814)의 부활 서로마제국(프랑크 왕국)의 판도에 편입되었다가 이후 도시국가들끼리 각축을 벌인 북이탈리아(중부 이탈리아도 일부 포함된다). 다음은 로마 교황령을 중심으로 하는 로마냐 지방. 그리고 시칠리아를 포함한 남이탈리아.

카를 대제

용병에 관해 얘기하려면 우선 남이탈리아에서 시작해야 한다. 1130년에 남이탈리아 왕조인 나폴리 왕국과 시칠리아 왕국을 세운 것은 한 용병대장 일족의 후예였다.

남이탈리아는 서로마제국 멸망 후, 게르만 왕국들과 동로마 제국(비잔틴 제국), 그리고 지중해로 뻗어나온 이슬람 세력이 서로 격전을 벌인 결과, 작은 국가들로 분립되는 시대를 맞이했다. 또한 시칠리아는 북아프리카를 석권한 이슬람 세력의 지배하에 놓였다. 이처럼 라틴, 비잔틴, 이슬람 문화권이 뒤섞여 각축을 벌인 남이탈리아를 통일한 것이 오트빌(Hautevill) 왕조이다. 노르만족인 오트빌 가문은 북프랑스의 노르망디 지방의 오트빌에 정착해서 그런 이름이 붙여졌다. 노르망디는 제2차 세계대전에서 연합군이 2백만 명의 군사를 상륙시켜 독일군을 섬멸하여 전쟁의 향방을 결정지은 '사상 최대의 작전'으로 유명한 지역이다.

이로부터 약 1천년 전, 스칸디나비아와 덴마크를 원주지로 하는 노르만족 바이킹이 전 유럽을 약탈하며 돌아다녔는데 그 중 덴마크계 노르만족은 기독교로 개종한 후, 북프랑스에 노르망디 공국을 수립했다. 훗날 영국의 노르만 왕조 시초가 된 공국이다.

그런데 11세기의 노르망디 공국은 인구가 급격히 증가해 토지를 상속받을 수 없는 젊은이들로 넘쳐났다. 야금술의 발전으로 철제 쟁기가 보급됐고, 그 쟁기를 소와 말로 끌게 하는 기술이 도입되었다. 또한 경작지를 셋으로 구분해 그 3분의 1을 휴경지로 삼는 삼포농법(三圃農法)이 일반화되는 '중세의 농업혁명'이 노르망디에도 밀어닥쳤다. 생산력 증가는 인구 증가를 촉진했고 그것이 결과적으로 남아도는 인구를 양산하게 되었다. 토지를 상속받을 수 없는 젊은이들은 조상의 혈통을 본받아 살길을 찾아 전 유럽으로 흩어질 수밖에 없었다. 그 중 한 무리가 남이탈리아로 향했다.

일설에 의하면 개종하자마자 열성적인 노르만인 로마 순례단이 순례길 도중, 항쟁을 거듭하던 남이탈리아의 한 세력에 우연히 가담하면서부터 노르만인 용병이 시작됐다고 한다. 어쨌든 용병 일을 해서 재산을 모았다는 고향 사람에 대한 소문이 퍼져가기 시작했고, 아무 하릴없이 시골을 어슬렁거릴 수밖에 없던 노르망디 젊은이들의 귀에까지 그 소문이 들려왔다. 그들은 돈벌이 장소를 찾아 대거 남이탈리아로 향했다.

노르망디의 가난한 마을 오트빌의 젊은이들도 그 대열에 가담했다. 그리고 이 마을 출신인 어떤 자가 남이탈리아에서 용병대장으로 승진을 거듭해 백작의 지위까지 오르더니 마침내는 공작이 되었다. 그는 이슬람 세력권인 시칠리아를 정복하고 당시 로마 교황청의 분열을 틈타 마침내 나폴리의 왕관마저 손에 넣은 것이다. 나폴리·시칠리아 두 왕국이 성립된 배경이다. 이렇게 해서 '노르만인의 영국 정복'과 함께 '노르만인의 남이탈리아 정복'도 완성되었다.

말하자면 오트빌의 노르만족 용병대장 출신이 새 왕국을 건설한 것이다. 이는 확실히 이탈리아다운 일이다.

그후 오트빌 왕위는 적통 후손에게 계승되지 못하고 이 왕조의 공주와 결혼한 신성로마제국 황제(독일왕) 하인리히 6세의 호엔슈타우펜가(家)의 차지가 되었다. 이때가 1194년이다.

나폴리·시칠리아 양 왕국은 '왕의 자리에 앉은 최초의 근대인'으로 희대의 허무주의자 프리드리히 2세 때 최후의 번영을 누렸다. 그러나 신성로마 황제이기도 했던 프리드리히 2세가 죽자 왕위는 호엔슈타우펜가의 손에서 벗어나 프랑스 왕의 동생인 앙주 백작 샤를에게 넘어간다. 물론 복잡한 이탈리아의 정치정세와 프랑스, 독일, 스페인의 개입과 로마 교황의 의도가 맞물린 결과였다.

■ ■ ■
시칠리아의 만종
1282년 3월 31일 시칠리아의 수도 팔레르모에서 일어난 반란. 호엔슈타우펜가(家)에 이어 지배권을 잡은 앙주가의 압제에 시달린 시칠리아 도민들이 부활제 만종을 신호로 반란을 일으켰는데 배후에는 비잔틴, 아라곤 등이 있었다. 시칠리아 도민들의 구원 요청으로 출진한 아라곤의 페드로 3세가 시칠리아 왕위에 올랐다. 이로 인해 시칠리아는 이탈리아 남부에서 분리되고, 앙주가와 아라곤가는 1302년까지 전투를 계속했다.

한데 앙주 백작 샤를은 시칠리아에서 강압 통치를 펼쳐 '시칠리아의 만종(Sicilian Vespers)'이라 불리는 반란을 초래해 시칠리아 왕위를 스페인의 아라곤 왕가에 빼앗긴다.

남아 있는 나폴리 왕국도 여왕 지오반나 2세 때 왕위 계승 다툼에 휩싸이게 된다. 여왕은 이때 수완가인 용병대장에게 앙주가의 운명을 맡겼는데, 그 용병대장 아텐돌로 스포르차가 여왕을 배반했다. 여왕은 하는 수 없이 시칠리아 왕 알폰소 5세를 양자로 맞이하는 식으로 나폴리 왕국을 스페인 아라곤가에 넘겨주었다.

이로써 시칠리아·나폴리 양 왕국이 부활하게 됐지만 그것은 한 용병대장의 책략에 의한 것이라 할 수 있다. 적어도 14~15세기에 걸친 이탈리아 르네상스는 일개 용병대장이 한 나라의 운명을 쥔 듯한, 말하자면 하극상 같은 상태에 있었던 것이다.

이탈리아 반도는 밀라노 공국, 베네치아 공화국, 피렌체 공화국, 로마 교황령, 시칠리아·나폴리 양 왕국, 이렇게 5대 세력이 각축을 벌였고, 그 틈을 타 도처에서 작은 세력이 자신들의 주권을 멋대로 수립해 혼란한 시대로 돌입했다.

국장으로 치러진 용병대장

도나텔로(Donatello)의 '가타멜라타 장군 기마상', 베로키오(Andrea del Verrocchio)의 '콜레오니 장군 기마상', 우첼로(Paolo Uccello)의 '존 호크우드 장군 기마상', 안드레아 델 카스타뇨(Andrea del Castagno)의 '니콜로다 트렌티노 장군 기마상', 레오나르도 다 빈치(Leonardo da Vinci)의 '프란체스코 스포르차 기마상'.

모두 15세기 이탈리아에서 제작된 용병대장의 기마상이다. 15세기 이탈리아가 동시대인에게 바친 중요한 예술적 기념비는 용병대장에 대한 경의의 표현이었다. 그밖에 기마상은 아니지만 피에로 델라 프란체스카(Piero della Francesca)의 '우르비노공 부부의 초상'도 유명하다. '이탈리아의 빛'이라고 칭송받는 우르비노공, 페데리코 다 몬테펠트로(Federico da Montefeltro)도 실은 용병대장 출신의 공작이었다.

이 기마상들의 주인공인 용병대장들 중에 존 호크우드는 그 이름에서도 알 수 있듯이 영국인이다.

이탈리아 르네상스의 용병대장에는 두 가지 유형이 있었다. 호크우드로 대표되는 외국인 용병대장과 프란체스코 스포르차를 전형으로 하는 이탈리아인 용병대장이다. 전자는 "사람이 행복해지는 곳, 그곳이 조국이다"라는 말처럼 돈 냄새를 찾아 여러 나라를 떠돌아다니는 천생 용병대장다운 방랑형이고, 후자는 작아도 자신의 영지를 갖고 있는 정착형이다.

외국인 용병대장으로는 호크우드 외에도 독일인인 베르너 폰 우르스링겐, 콘라트 폰 란다우, 알베르트 슈테첼, 본가르덴이 있다. 모두 잔혹하기로 유명하다. 우르스링겐은 '신의 적, 동정과 자비의 원수'라며 신을 두려워하지 않는다는 말을 보란듯이 갑옷에 새겨넣고 다니는 인물이었다. 본가르덴과 슈테첼은 도시국가 시에나(Siena)를 공격해 7천5백 굴덴을 고스란히 탈취했다.

호크우드 역시 돈에 대한 집념에서는 누구 못지 않았는데, 영국의 유복한 상인의 아들로 태어났으나 평소 좋지 않은 행실로 인해 조국을 떠나 프랑스로 흘러들어간 후 이탈리아에 모습을 드러낸 그에 대한 일화가 있다.

어느 두 명의 수도사가 "신이 당신에게 평화를 내리시기를!" 하고 공손하게 인사를 하자 호크우드는 "신이 베푸신 너희들의 양식을 다시 거둬들여 뒈져버리기를! 이 빌어먹을 놈들아, 신이 나에게 평화를 내리면 나는 뭘 먹고 살란 말이냐!" 라고 소리쳤다고 한다.

그러나 호크우드는 막대한 재산을 모으고 말년에는 운 좋게도 전장이 아닌 침대 위에서 죽을 수 있었다. 그의 주 고용주였던 피렌체는 호크우드의 장례를 국장(國葬)으로 치르고 산타마리아 델 피오레 대성당에 그의 기마상을 세웠다.

도시국가, 용병에 의존하다

도시국가 피렌체가 군사력을 용병에 의존하기 시작한 것은 13

세기 말부터였다. 그때까지는 귀족 정치를 타도한 시민들이 애향심의 발로로 도시 방위를 주로 하는 시민개병인 민병 보병군이 주력이었다. 한데 모직물을 중심으로 경제가 크게 성장하자, 부유한 시민과 소시민의 빈부 격차가 생겨나고 부유층이 정권을 독점하는 현상이 일어났다. 게다가 시에나와 피사를 시작으로 인근 도시들에 대한 침략전쟁이 잇따르자 시민들 사이에 전쟁에 염증을 내는 분위기가 형성되었다. 어찌됐든 전쟁의 주된 이유는 부유한 상인들이 보유하고 있는 상품의 판로 확대에 있었던 것이다. 즉 거대 상인들을 위한 전쟁이었다.

그러자 소시민들은 병역을 기피하고 부유층을 대상으로 뭔가 불온한 움직임을 보이기 시작했다. 물론 부유한 시민들도 경제활동으로 바빠서 병역을 기피하고 어떻게든 돈으로 해결하려고 했다. 그렇게 해서 병역 면제세가 신설되었다. 그리고 무엇보다도 민병 보병은 갑옷과 투구로 무장한 전투 전문집단인 기병과는 아예 상대도 되지 않았다. 이렇게 해서 피렌체의 정권을 장악한 부유층 시민은 병역 면제세를 모은 돈으로 국내의 치안 유지를 겸해 프랑스, 스페인, 독일에서 흘러들어온 용병기사단을 군사력으로 고용하기 시작했다.

즉 경제가 발전하면서 국력이 신장되자 피렌체 역시 여느 도시국가들처럼 지역 애향심에 의존하던 시민개병 제도가 무너지고, 용병이 군사의 주력이 되는 길을 밟아간 것이다.

베네치아도 마찬가지였다. 해양무역으로 두각을 나타낸 베네치아는 당연히 해군이 주력이었다. 사실 13세기까지의 베네치아의

마키아벨리

전쟁은 오로지 해전이었다. 전함에는 베네치아 시민만이 탈 수 있었다. 그런데 국력이 증강되면서 베네치아는 내륙으로 눈을 돌렸다. "베네치아는 내륙부에서의 기회를 잡을 때까지는 귀족이든 하층계급이든 모두 무장을 하고 용감히 싸웠다. 한데 내륙부에서 전쟁을 벌이고 나서는 용맹한 기질을 잃어버리고 이탈리아 전쟁의 전철을 밟아갔다"라고 마키아벨리(Machiavelli, 1469~1527)는 그의 저서 《군주론》에서 적고 있다.

여기서 말하는 '이탈리아 전쟁의 전철'이란 전쟁을 용병대장에게 맡기는 것을 말한다. 이렇게 이탈리아 르네상스는 용병대장의 시대였다.

용병대장에서 밀라노 공작으로

신성로마제국 황제 프리드리히 3세를 섬기기도 했던 인문주의자 에네아 실비오 피콜로미니(Enea Silvio Piccolomini, 훗날 로마 교황 비오 2세, 재위 1458~1464)는 용병대장 시대를 다음과 같이 꼬집고 있다.

무엇 하나 안정되어 있지 않고 이 정도로 변화를 좋아하는 우리 이탈리아에서는, 노예조차 어렵지 않게 왕이 된다.

즉 하극상의 세상을 개탄한 말로써, 그 대표격이 이탈리아 르네상스의 영웅 프란체스코 스포르차(Francesco Sforza, 1401~1466)이다.

프란체스코 스포르차는 나폴리 왕국의 상속 다툼이 일어났을 때 프랑스 앙주가를 배반하고 스페인 아라곤 왕가의 시칠리아·나폴리 두 왕국의 부활에 한몫을 담당한 용병대장 아텐돌로 스포르차의 서자였다.

아버지 스포르차도 근본을 따지자면 로마냐 지방의 가난한 농민의 자식에 불과했다. 그것이 당대에 스포르차 가문을 브라키오 가문과 나란히 이탈리아인 용병대의 양대 세력으로 부상시킨 것이다. 그의 별명인 스포르차는 '정복자'라는 의미이다.

아들 스포르차도 아버지 못지않은 수완가였다. 그는 북이탈리아의 강국 밀라노 공국을 통합한 비스콘티(Visconti)가의 용병대장으로서 놀라운 솜씨를 발휘했다. 그것은 고용주인 비스콘티가를 위해서가 아니었다. 언젠가는 자신이 주권자로 올라서기 위해서였다. 그래서 밀라노 공국의 적국인 베네치아와 피렌체와도 친분을 맺고 있었다. 로마 교황에게도 순종하지 않고 을렀다달랬다 하면서 자신의 이익을 얻어냈다. 베네치아와의 전쟁 중에 비스콘티가의 마지막 밀라노 공작 필리포 마리아가 죽자 그의 서녀와 결혼한 스포르차는 적국인 베네치아와 내통하고, 다시 그 베네치아를 감쪽같이 빼돌리고 피렌체를 선동해 밀라노 공작에 즉위했다.

스포르차 외에도 용병대장 출신의 공작이 또 한 사람 있다. '우르비노 공 부부의 초상'으로 유명한 페데리코 다 몬테펠트로이다. 그는 원래 우르비노 공작가의 서자였다. 그 때문에 용병으로서 기량을 연마하고 오랫동안 굴욕을 참고 견디며 때를 기다려왔겠지만, 그의 우르비노 공작위 상속은 스포르차와는 달리 공작 찬탈로 보기는 어렵다.

아무리 하극상이 난무하는 세상이라고 하지만 노예가 왕의 자리에 오르는 일은 그렇게 간단한 일이 아니었다. 오히려 스포르차는 특별한 경우에 해당한다.

그러나 야심가들은 스포르차처럼 성공한 사람의 모습에 자신들의 꿈을 투영했다. 스포르차여, 계속 올라가라! 하고 말이다.

물론 권력자들은 이를 저지하려고 했고, 권력자로 출세한 스포르차 자신이 스포르차는 나 한사람으로 충분하다며 자신의 뒤를 노리는 용병대장들을 철저하게 탄압했다. 즉 용병대장도 안위와 향락과 약탈하는 일에만 빠져 있을 수는 없었던 것이다.

용병들의 사기극 전쟁

도시국가 시에나(Siena)에 대한 다음과 같은 일화가 남아 있다.

적군에게 포위되어 있던 시에나 시 당국은 한 용병대장과 계약을 한다. 그는 용감무쌍하게 전투를 거듭하여 적을 물리치는 데 성공했고 시민들은 용병대장의 공적에 보답하는 방법을 놓고 서로

의논했다. 그의 공적은 설령 그에게 시의 주권을 넘겨준다 해도 아깝지 않을 만큼 너무도 위대한 것이었다. 좋은 방법을 찾지 못한 채 시간이 흘렀다. 그러자 한 시민이 말했다. "그를 죽여 우리 도시의 성자(聖者)로 만들어 숭배하면 어떠한가." 모든 시민들이 그 제안에 찬성했다.

카프카의 소설에나 나올 법한 이야기다.

실제로 용병대장 로베르트 마라테스타는 **교황 식스토 4세**(재위 1471~1484)에게 승리를 안겨준 직후에 계획적으로 살해되었다. 한편 19세기 이탈리아의 국민작가 만초니(Alessandro Manzoni, 1785~1873)의 《카르마뇰라 백작》의 모델인 비운의 용병대장 프란체스코 푸초네 카르마뇰라는 고용주인 베네치아 정부에 기회주의적인 태도를 의심받고 처형당했다.

많은 수의 용병대장이 전투에서 공을 세우면 위험시되고, 반대로 전투 운이 나쁘면 곧장 해고되었다. 언뜻 화려하게 보이지만 용병대장들이 서 있는 곳은 서서히 무너져 내리는 모래성과 같았다.

■■■
교황 식스토 4세
투르크와의 전쟁에 힘썼고 가문의 지위 격상을 위해 족벌정책을 펼쳤다. 그로 인해 피렌체와 베네치아와 전쟁을 일으키고 메디치가에 반대하여 1478~1480년의 내란을 불러일으키기도 했다. 시스티나 경당을 세우고 바티칸 도서관을 확장하는 등 문화사적인 업적을 남겼다.

그래서 용병대장들은 생각했다. 매사에 적당히 하는 것이 좋다. 즉 이기지도 않고 지지도 않는 것이 무엇보다 중요하다. 용병대의 계약기간은 보통 제1확정기과 제2예정기를 합쳐서 6개월이 일반적이다. 너무 빨리 승부를 내면 제1확정기로써 계약이 종료되고 만다. 그래서 서로 맞붙은 용병대장들은 미리 짜고서 싸움을 질질

끈다. 이를 두고 마키아벨리는 "밀집대형을 짜지 않고 흩어져서 전선에 돌입하는 이탈리아식 공격 방법에 대해 작은 전투라는 이름이 붙어 있다"라며 통렬히 비난했다. 그야말로 이탈리아 르네상스판 전쟁게임이었다.

"내 영혼보다도 내 조국을 사랑한다"라고 말했던, 당시로서는 희한한 민족주의자 마키아벨리는 이 '사기극 전쟁'에 제정신을 잃은 용병대장들의 횡행이야말로 조국 이탈리아를 사분오열시키는 원흉으로 보고 자신의 저서 《군주론》과 《논문Discorso》에서 용병대장들을 다음과 같이 맹렬히 비난했다.

용병대장들이 고대 로마제국 군대의 훌륭한 선례를 무시하고 보병부대를 소홀히 하는 것은 그들이 영지를 갖지 못해 다수의 보병을 고용하지 않고 소수의 기병으로만 해결하려고 하는 쩨쩨한 근성에서 나온 것이다. 최근 24년간의 전쟁에서 죽은 자의 수는 고대 10년 동안 사망한 전쟁 지휘관의 사망자 수에도 훨씬 못 미치고 있다. 그 중에는 전사자가 낙마로 인한 단 한 사람뿐인 전투도 있을 정도이다. 이런 식으로 그들은 그저 싸움을 질질 끄는 '무혈전쟁'을 하고 있을 뿐이다.

이처럼 '사기극 전쟁'으로 보이는 '이탈리아 전쟁의 관행'이 용병대장들의 개인적인 자질에서 비롯된 것인지, 아니면 당시의 사회적 경제적 상황이 그렇게 만들었는지는 차치하더라도 마키아벨리의 논지는 지나친 감이 없지 않다. 예를 들어 낙마에 의한 전사자 단 한명뿐이었다는 얘기도 후세의 역사가는 그렇지 않았다고 실증적으로 반박하고 있다.

　전쟁은 중장 기병(重裝騎兵)이 주력이었지만 아무리 그래도 기병만으로는 전쟁을 할 수 없다. 보병도 전쟁에 참가하고 있었다. 그 보병의 숫자는 기병의 몇 배였다고 한다. 게다가 기병 한 사람이라고 해도 그 안에는 기병 외에 방패 담당과 종자(從者) 한 사람이 딸려 있다. 그리고 식량과 무기를 나르는 사람들도 있다. 마키아벨리는 이들 하급요원들을 전혀 계산에 넣지 않았다. 즉 마키아벨리가 말하는 전사자 수가 설령 정확하다 해도 거기에는 보병을 비롯한 하급병사들의 겹겹이 쌓인 시체들은 전혀 계산에 넣지 않은 것이다.

　일본 고대 말기 오만불손하기 짝이 없는 발언에 "헤이케(平家, 헤이 가문)가 아니면 사람이 아니다"라는 말이 있었다. 여기서 말하는 '사람'이란 궁중에 들어갈 수 있도록 허락받은 '높은' 사람을 가리킨다. 즉 교토 내에서 살아가는 평민은 애당초 '사람'이 아니었다. 이와 마찬가지로 보병과 짐꾼, 마부처럼 미천한 사람들은 마키아벨리의 입장에서 보면 전사자의 수에도 들어가지 않는 '인간' 이하의 존재였다는 얘기가 된다.

　그렇다면 이들 '인간' 이하의 사람들은 누구일까? 그들은 눈부신 경제 성장을 이룬 북이탈리아 도시들에 비해 뒤쳐졌던 교황령 로마냐 지방과 나폴리·시칠리아 두 왕국에서 먹고 살기 힘들어진 직인(職人)들과 고향을 등진 농민들이 대부분이었다. 그들은 턱없이 싼 임금으로 용병대장에게 혹사당하고 있었다.

상비군 같은 용병부대

15세기에 들어서자 용병대장도 대부분 이탈리아인이 되었고 질적으로도 달라졌다. 즉 돈 냄새를 찾아 이탈리아 전체를 돌아다녔던 방랑형 용병에서 작게나마 자신의 영지를 가진 정착형으로 바뀐 것이다.

우선 페라라(Ferrara) 공, 만토바(Mantova) 공, 우르비노 공 등 소영주들이 자신들의 궁정 유지비를 위해 용병대장 일에 나섬으로써 겸직을 하게 된 것이다. 그리고 밀라노 공국을 찬탈한 프란체스코 스포르차에 비하면 비교도 되지 않겠지만 용병대장 몇 사람은 강력한 중앙권력의 부재로 거의 비어 있다시피 한 교황령 로마냐 지방의 도시와 시골에 몰려들어 멋대로 주권자를 참칭하게 되었다. 이들 소영주와 소참주들이 강력한 도시국가에서 용병대장으로 일하게 된 것이다.

이러한 방랑형 용병에서 정착형 용병으로의 전환은 용병부대의 상비군 성립을 의미한다. 특히 돈을 좇아 어디로든 움직이는 용병대장의 본성을 꿰뚫고 있는 밀라노 공 스포르차가 용병대장을 돈이 아닌 토지로 얽매려고 용병대장에게 토지를 하사하여 상비군으로의 길로 나아갔다.

베네치아 또한 용병대장의 정착을 유도하기 위해 비록 보수는 적어도 계약기간을 되도록 길게 잡으려고 했다. 계약 상대가 소영주나 소참주이니만큼 말하자면 그들의 영지를 베네치아의 위성국으로 만들려고 한 것이다.

이에 비해 피렌체는 변함없이 용병대를 본래의 형태로 유지하는 자세를 취했다. 아무래도 상업이 발달한 국가답게 이해득실을 따져 그때그때 필요할 때만 용병을 고용했다.

전쟁을 바꾼 스위스 장창부대

그러나 상비군 용병부대든 비(非) 상비군 용병부대든 15세기 말에 들어서자 이탈리아의 용병부대의 이용가치는 급속히 떨어졌다.

우선은 무엇보다 용병의 가격이 급등했기 때문이다. 방패 담당, 종자, 말을 포함한 기병 한 세트에 드는 돈이 13세기 말~15세기 중반까지 10배 넘게 값이 올랐다. 그런데도 용병대장은 계속해서 사기극 같은 전쟁을 벌이고 있었다. 이러다 보니 도무지 수지가 맞지 않았다. 그래서 "평화시에는 시민들을 빈털터리로 만들고, 전쟁이 일어나면 적으로 인해 빈털터리가 된다"라는 마키아벨리의 말처럼 이탈리아 용병부대의 군사적 이용가치는 크게 떨어졌다. 그리고 고용주들은 물론이고, 이탈리아 전체가 이탈리아의 용병부대는 더 이상 쓸 만한 전력이 되지 못한다는 사실을 절감하게 된 것은 1494년 가을의 일이었다.

이때 존 호크우드는 물론 콜레오니(Bartolomeo Colleoni), 페데리코 다 몬테펠트로, 그리고 밀라노 공국 찬탈자인 프란체스코 스포르차 같은 이탈리아 르네상스를 화려하게 장식한 용병대장들은 이미 이 세상에 없었다. 남아 있는 용병대장들은 하나같이 역량이 모자란 인물들뿐이었다.

그 대신이라고 말하기는 뭐하지만 성질이 고약하고 잔인하여 보르지아(Borgia)가의 비약(독약)으로 알려진 사상 최악의 교황 알렉산데르 6세(재위 1492~1503)가 교황자리에 올랐고, 이탈리아는 르네상스의 탕아들이 오로지 흉포한 에너지가 날뛰는 대로 음모, 암살, 배반, 간통을 일삼는 막다른 골목에 와 있었다.

바로 그럴 때였다. 이탈리아 사람들은 지금껏 듣지도 보지도 못한 엄청난 수의 군사들이 침략해오자 몸이 얼어붙을 정도의 공포에 빠졌다.

그것은 9만 명의 대군이었다. 주력을 이룬 것은 말을 타고 일대일로 승부를 겨루는 전투의 미학을 철저하게 추구하고 스스로의 행동거지와 예의범절, 생활양식을 의식의 미로써 승화시킨 듯한 프랑스 기사군이었다. 일사불란한 대군을 이끈 것은 샤를 8세(재위 1483~1498)였다. 샤를 8세가 이끄는 프랑스군이 이탈리아를 침공함으로써 약 반세기 가까이 계속된 **이탈리아 전쟁**이 시작되고 유럽은 근대의 태동을 맞이한다.

이탈리아 전쟁
1494~1559년 이탈리아의 지배권을 둘러싸고 프랑스, 신성로마제국, 스페인 등 대부분의 서유럽 국가들이 참가한 일련의 전쟁. 원래는 나폴리 왕국과 밀라노 공국의 왕위 갈등으로 시작되었지만, 곧 각국의 이익을 위한 권력투쟁으로 번졌다.

샤를 8세가 이탈리아를 침공한 대의명분은 나폴리 왕국에 대한 계승권 주장이었다. 아라곤 왕가의 나폴리왕 페르디난도(Ferdinando)가 죽자, 샤를 8세는 나폴리 왕위를 앙주가로 되찾기 위해 새로운 왕에 대한 승인권이 있는 로마 교황을 협박했다.

그러나 처음에는 프랑스 대군에 어찌할 바를 몰랐던 이탈리아인은 역시 2천년 역사를 자랑하는 도시 사람들이었다. 교황 알렉산데르 6세는 알프스 이북에서 찾아온, 기사 이야기에나 푹 빠진 촌사람들을 어르고 달래서 물러나게 하는 데 성공했다.

그러나 프랑스군에는 분명 이탈리아 사람들을 왠지 모르게 움찔하게 만드는 그 무엇이 있었다. 그것은 화려한 프랑스 기병군도 아니었고, 말 12마리로 겨우 운반해올 수 있었던 대포도 아니었다. 대포는 굉장한 비용이 드는 데다 조작도 어렵고 포병 확보도 힘들어서 전술적으로 생각만큼 효과를 기대할 수 없어 마키아벨리를 비롯한 이탈리아 사람들은 화기(火器)에 그다지 흥미를 보이지 않았다.

이탈리아 사람들을 공포에 떨게 한 것은 프랑스군에 섞여 있는 다수의 용병, 특히 보병의 중심을 이루는 스위스 장창(長槍)부대였다. 피리와 북소리에 맞춰 힘차게 리듬을 타는 행진 방식, 원시적인 무대뽀 습관, 용맹함과 잔인함이 가득한 전장에서의 외침 소리 등, 스위스 장창부대원들은 세련된 르네상스 문화를 향유하고 있던 이탈리아 사람들 눈에는 말과 행동, 그 무엇 하나도 경악하게 만드는 외계에서 온 사람들처럼 보인 것이다.

어쨌든 1494년 샤를 8세의 이탈리아 침공으로 유럽은 근대의 태동을 맞이했다. 프랑스군에는 근대의 군대처럼 불완전하게나마 기병, 보병, 포병 이렇게 삼군이 갖춰진 것처럼 보였다.

특히 스위스 용병부대를 주력으로 하는 보병의 등장이 시선을 끌었다. 이탈리아가 기병에 의한 '예술로서의 전쟁' 게임에 빠져 있을 무렵, 알프스 이북에서는 보병의 밀집방진이 싸움의 형세를 결정짓게 된 것이다. 그리고 엄청난 수의 보병군은 스위스 이외에도 스페인과 독일 등 각국에서 끌어모은 용병으로 이루어졌다.

제5장

피의 수출

스위스 서약동맹과 10년간 용병계약을 맺은 루이 12세

기병군의 대패

1302년 7월 11일 해질 무렵, 코르트레이크(Kortrijk) 전투가 끝났다. 코르트레이크는 지금의 벨기에 서부에 있는 도시로 당시에는 플랑드르(Flandre) 백작령의 자치 도시였다.

플랑드르 백작령은 프랑스 왕가와 신성로마제국 황제, 두 곳으로부터 봉토를 받은 영지로 이루어졌다. 이렇게 두 나라에 양다리를 걸칠 수 있었던 것도 이곳이 프랑스와 독일의 중심에서 보면 변경 지역에 해당되기 때문이다. 그러나 11세기부터 유럽의 경이적인 경제 성장과 함께 플랑드르 백작령은 모직물 산업을 기반으로 하여 어느 새 유럽 경제의 중심이 되어 있었다. 이렇게 되자 독일과 프랑스는 이곳에 눈독을 들이기 시작했다. 특히 프랑스는 필리프 4세(재위 1285~1314)가 플랑드르 백작령을 프랑스 왕국에 병합

흉갑기병 근대 유럽에 있던 기병의 일종으로 한 장의 판금으로 제작된 흉갑을 착용하고 총과 검으로 무장했다. 유럽의 흉갑기병은 중세 기사를 계승한 것으로 영어로 큐래시어(Cuirassier)로 불린다.

하려고 **흉갑기병**(胸甲騎兵)군을 파견했다.

이를 맞아 싸운 플랑드르 군은 코르트레이크 인근 평원에 약 6백 미터가량 늘어서는 **보병 밀집방진**을 구축했다. 프랑스 기병대는 이 인간 벽을 향해 돌진했다. 그러나 이 인간 방벽은 그야말로 철벽이었다. 창과 도끼창[斧槍]으로 무장한 시민, 아니 시민뿐만 아니라 백작과 기사들도 모두 말에서 내려 이 밀집방진에 가담해 귀족, 기사, 상인, 직인 모두가 어깨를 나란히 하여 적의 맹공을 막아낸 것이다. 플랑드르 보병군은 프랑스 흉갑기병군을 완벽하게 무너뜨렸다.

보병 밀집방진

프랑스 기병에게서 획득한 전리품 중에는 금으로 도금한 7백 개에 달하는 박차(拍車)가 있었다고 해서 '박차 전투'라고도 불리는 이 격렬한 전투는 유럽 군사(軍事) 역사상 커다란 분수령이 되었다. 이후 유럽의 전투는 보병으로 그 귀추가 판가름나게 된 것이다.

중장 기병의 군사적 가치의 저하는 영국과 프랑스 간의 백년전쟁의 하이라이트였던 크레시 전투(1346)에서 여실히 드러났다. 프랑스 왕 필리프 6세는 만반의 준비를 갖추고 프랑스 북서부 크레시로 향했다. 영국 왕 에드워드 3세는 5천 명의 장궁대를 미리 대기시켜 만반의 준비를 하고 프랑스 중장 기병을 기다리고 있었다.

장궁(長弓)은 말하자면 당시로서는 신무기였다. 그때까지 원거리 공격 무기의 대표주자인 석궁만큼 살상력은 없었지만 발사 속도는 석궁의 여섯 배나 되었다. 그리고 그 위력은 이미 스코틀랜드 군을 상대로 확인한 바 있다.

프랑스 기병 역시 이 장궁대에 참혹하게 무너졌다. 쓸데없이 군비 확대를 진행한 탓에 총 30킬로그램에 달하는 중량을 지니고 말을 달리는 중장 기병은 기병 최대의 가치인 기동력을 상실하고 말았다.

전장은 그야말로 고대로마 군대 이래로 보병 르네상스 시대가 되었다. 그리고 이것을 좀더 선명하게 보여준 것은, 믿을 것은 자신의 강건한 체구뿐이라는 산간지방 병사들의 용맹무쌍한 전투였다.

스위스 서약동맹의 발족

13세기 초, 극히 통행이 어려운 곳으로 알려진 스위스 산악지역 고트하르트(Gotthard) 고개가 통행이 가능하게 되었다. 이로 인해 스위스 중앙부는 남북 유럽을 잇는 요충지가 되었다. 그러자 지금껏 조용했던 산악지대에 갑작스레 유

고트하르트 고개

합스부르크 왕가

유럽 최대의 왕실 가문으로 오스트리아를 6백년 동안 지배한 유럽 제일의 명문가. 11세기 슈바벤(지금의 스위스)지방에 합스부르크 성(매의 성)을 쌓으면서 가문의 이름이 유래되었다. 신성로마제국에서 큰 세력으로 부상하여 황제 선출에도 개입하였고, 프랑스 왕을 제외한 거의 모든 유럽의 왕실과 연결되어 유럽 최대의 왕실가문으로 부상했다. 제1차 세계대전 이후 몰락했다.

럽 열강들의 관심이 모아졌다. 특히 스위스를 발상지로 하는 **합스부르크가**(Habsburg家)는 스위스에 대해 강압 정치를 펼쳤고 이에 대해 산악민족은 격렬하게 저항했다. 성주 헤르만 게슬러의 폭정에도 굴하지 않고 아들의 머리에 사과를 올려놓고 화살로 멋지게 쏘아 맞혔다는 '윌리엄 텔'의 배경이 되었다.

1291년 우리(Uri), 슈비츠, 운데르발덴 3개 주는 상호간 대립을 중지하고 내부적으로 단결하자는 동맹을 맺었다. 이것이 스위스 서약동맹의 발족이다.

당시 독일 황제 자리는 합스부르크가의 알브레히트 1세(재위 1298~1308) 앞뒤로 합스부르크 반대파인 나사우가의 아돌프 1세(재위 1292~1298)와 룩셈부르크가의 하인리히 7세(재위 1308~1313)가 제위를 이었다.

합스부르크 반대파인 두 사람의 황제는 스위스 서약동맹에 합스부르크로부터의 독립을 보장한다는 자유특허장을 부여했다. 이에 불만을 가졌던 합스부르크가는 하인리히 7세가 죽자 합스부르크의 프리드리히 미왕(美王)이 황제 자리의 탈환을 노리고 바이에른의 루트비히 4세(재위 1314~1347)와 격렬하게 대립했다.

스위스 서약동맹은 당연히 바이에른 제후를 지지했다. 여기에 제재를 가하기 위해 프리드리히 미왕의 동생 레오폴드가 합스부르크 기병대를 이끌고 스위스를 침공했다.

1315년 합스부르크 기병대는 모르가르텐(Morgarten) 산의 좁고

험한 길을 남하하려고 했다. 적은 4천 명 가량 된다고 들었지만 고작해야 농민군에 불과하다, 우리 흉갑기병대가 적에게 질 염려는 조금도 없다며 합스부르크군은 의기양양했다.

그런데 결과는 예상을 빗나갔다. 스위스 농민군들은 우선 돌과 통나무를 떨어뜨려 산 중턱의 좁고 험한 길을 막았고, 그 다음 대혼란에 빠진 적의 중장 기병을 향해 쌍날칼을 꽂은 창을 들고 돌격했다. 합스부르크 기병대의 전사자는 모두 1천5백 명을 헤아렸다고 한다. **모르가르텐 전투**는 합스부르크군의 대패로 끝났다.

▪▪▪
모르가르텐 전투
1315년 스위스 농민군과 오스트리아 합스부르크 왕가의 전투. 합스부르크가의 레오폴드 1세는 기사를 모아 슈비츠를 공격했다. 그러나 매복해 있던 스위스 농민의 장창부대가 모르가르텐 산지의 경사면을 오르는 합스부르크군을 기습해 대파하였다.

그러나 여기서 잠깐. 평화를 바라는 순박한 산악 농민이 어쩔 수 없이 무기를 들고 일어나 압제자 합스부르크를 완전히 섬멸했다는 권선징악의 드라마를 상상해서는 안 된다. 시대의 흐름은 보병 편이었다. 모르가르텐 전투는 이를 숙지한 능란한 지휘관을 비롯해 스위스 3개 주정청(州政廳)이 용의주도하게 합스부르크 기병대를 몰살한 싸움이었다.

그리고 창을 빼든 채 빈틈없는 태세를 취하는 방진을 더욱 발전시킨 스위스 농민 보병은 1386년 합스부르크가와의 두 번째 전면전인 **젬파흐(Sempach) 전투**에서도 그 강력함을 발휘해 적을 격파했다. 더구나 그것은 기습 공격이 아니라 정면 승부였다.

이때부터 "스위스 보병은 강하다!"라는 평판이 전 유럽으로 확산되었다.

▪▪▪
젬파흐 전투
젬파흐는 루체른 주(州)의 작은 읍이다. 1386년 합스부르크가의 레오폴드 3세가 구영토의 회복을 노리고 4천 명의 정예기사단을 몰고 공격해오자 장창을 휴대한 약 1천5백 명의 스위스 농민군이 백병전으로 싸워 격파했다.

타지로 나간 용병은 스위스 최대의 산업

관광이라는 산업이 출현하기 이전의 스위스는 험준한 산들이 우뚝 치솟은 척박한 산악지대에 불과했다. 경작 면적도 극히 좁은 데다가, 어설프고 열악하기 짝이 없는 낙농 경제로 근근이 이어가고 있었다. 말하자면 남자의 힘이 없어도 그럭저럭 꾸려나갈 수 있는 소규모 생산 형태였다. 산간 지역에서 자란 덕택에 하체가 단련된 강건한 남자들이 일할 곳이라곤 별로 없었다. 그래서 남자들은 돈 벌러 타지로 나갈 수밖에 없었고, 당시 대규모의 고용을 보장하는 최대의 산업은 단연 전쟁뿐이었다. 이렇게 해서 스위스의 남자들은 용병이 되었다.

그러나 자기 맘대로 용병이 되는 것은 아니었다. 스위스 서약동맹의 각주는 소수의 도시귀족이 지배하고 있었는데, 이들 문벌 주정청은 농민들을 하나로 묶어 스위스 보병을 필요로 하는 유럽 각국의 세력들과 용병계약을 맺은 것이다. 즉 스위스 용병부대는 국가가 관리하는 용병이었다. 더구나 각 주정청이 힘들게 모집할 필요도 없었다. 일할 데가 없는 건강한 젊은이들이 앞다투어 용병 모집에 응했고, 용병은 스위스 최대의 산업이 되었다. 그야말로 '피의 수출'인 것이다.

이러한 '피의 수출'에 관해서는 다음 같은 일화가 있다. 17세기, 프랑스의 태양왕 루이14세의 어느 고관이 스위스 사령관에게 "프랑스가 스위스 용병에게 지불한 급료를 금으로 두드려 금판으로 만들면 파리에서 바젤(Basel)까지의 도로를 완전히 덮을 수 있다"라고 스위스 사람들의 돈에 대한 집착을 꼬집었다. 그러자 스위스 사령관은 즉각 "프랑스를 위해 스위스인이 흘린 피는 파리에서 바젤에 이르는 모든 하천에 넘쳐 흐르고 있다"라고 응수했다.

확실히 '돈 없는 곳엔 스위스 병사도 없다'는 말이 나올 정도로 탐욕스러울 만큼 돈과 약탈품을 찾아 유럽 각 세력의 용병 노릇을 한 스위스 용병부대지만, 그 최대 고객은 프랑스였다. 프랑스를 위해 3백년 간 50만 명이 넘는 스위스 용병이 목숨을 잃었다고 전해질 정도이다. 그 때문인지 프랑스 최고참 연대 '피카르디(Picardie)'의 연대 깃발은 스위스 용병에 대한 경의의 표시로 흰색 바탕에 붉은 십자가로 되어 있다.

프랑스와 스위스 국가 간의 정식 용병계약은 1474년에 시작되었다. 이 용병계약 조항에는 '스위스 병사를 신성로마제국 및 스위스와 동맹관계에 있는 나라를 상대로 하는 전투에는 투입하지 않는다. 또한 해전에 투입하지 않는다. 스위스 병사를 분산시키지 않고 일괄해서 투입한다. 스위스 병사가 귀국을 원할 때는 이를 허가한다. 프랑스 왕은 지체 없이 급료를 지급한다'라는 항목이 들어 있었다.

그러나 이들 조항은 점차 흐지부지되고 나중에는 스위스 병사들 간의 전투까지 벌어지게 된다. 이는 프랑스 왕뿐만이 아니라 스위스 용병부대를 관리하는 각 주정청의 자국민에 대한 배반이었다. 스위스 병사는 자신의 조국 정부에 '배반당하고 팔려간' 것이다.

스위스 용병부대가 국제무대에 정식으로 데뷔하게 되는 프랑스와의 용병계약이 체결된 1474년은 부르고뉴 전쟁이 일어난 해이다.

부르고뉴 전쟁

부르고뉴(Bourgogne) 공가(公家)는 프랑스 왕가의 분가로서, 부르고뉴 지방과 네덜란드 일부 지방을 지배하며 14세기~15세기에 걸쳐 번영을 구가했다. 강용공(剛勇公) 필리프, 무외공(無畏公) 장(Jean), 선량공(善良公) 필리프 3세, 용담공(大膽公) 샤를 1세로 이어진 대군주는 모직물 산업으로 얻은 막대한 부를 물 쓰듯이 하면서 화려한 중세 궁정을 장식했다. 이는 호이징가(Johan Huizinga, 1872~1945)의 저서 《중세의 가을》에 자세히 묘사되어 있다.

샤를 용담공

부르고뉴를 통치한 마지막 공작 샤를 용담공(재위 1467~1477)은 동시에 경솔공이기도 했다. 공작은 명목상 프랑스 왕가의 봉건 가신이지만 그는 프랑스 왕가의 지배를 받는 것이 불만스러웠다. 그래서 신성로마제국의 황제 프리드리히 3세의 장남 막시밀리안 1세에게 외동딸 마리를 시집보냄으로써 프랑스 왕가로부터 독립해 부르고뉴 공국을 왕국으로 격상시키고, 더 나아가 기회가 닿으면 신성로마제국 황제 자리까지 손에 넣겠다는 대담하면서도 극히 경솔한 야망을 품었다.

한편 당시의 프랑스 왕 루이 11세(재위 1461~1483)는 왕권 확대의 최대 걸림돌인 부르고뉴 공국을 멸망시켜 그 영지를 왕가 직할령으로 삼기 위해 여러 가지 포석을 깔았다. 이것이 **부르고뉴 전쟁**이 발발하게 된 배경이다.

■■■
부르고뉴 전쟁
1474년부터 부르고뉴 공작과 프랑스 왕 사이에 벌어진 일련의 전쟁. 이후 스위스 연방이 참여해 결정적인 역할을 했다. 부르고뉴 공작 용담공 샤를이 낭시 전투에서 대패하며 전사한 뒤 부르고뉴 공국은 프랑스에 병합되었다.

전쟁은 샤를 용담공과 루이 11세의 피할 수 없는 대립과 그 사이에서 어부지리를 노리고 개입한 신성로마제국 황제 프리드리히 3세, 이렇게 삼자가 서로 견제하는 양상을 띠었다. 하지만 실제로 전투는 스위스 용병부대와 화려한 금양모(金羊毛) 기사단을 주력으로 하는 부르고뉴 기병 간의 싸움이었다.

그랑송(Grandson) 전투와 무르텐(Murten) 전투에서 부르고뉴 군은 연패를 당했다. 그러자 부르고뉴 군은 군대의 주력을 서서히 기병에서 보병으로 이동해갔지만 기본적으로는 기사의 전투로써 종결했다. 즉, '한 사람의 기사가 천 명을 상대한다'는 영광스러운 기사가 가문도 내력도 알 수 없는, 도보로 싸우는 천한 사람들에게 질 수 없다는 얘기다.

이에 비해 스위스군은 대부분 보병이었다. 베른 시에서만 2만 명, 각주에서 모두 합쳐 5만4천 명의 병사를 동원했다. 스위스는 법적으로는 신성로마제국에 속해 있었지만, 그 신성로마제국 즉 독일 왕국은 사분오열된 상태라 이렇게 대규모의 병력을 단숨에 동원 가능했던 것은 스위스 서약동맹 정도였다 스위스 용병부대의 보병들은 앞에 56명, 뒤로 24명의 진형을 짜서 사령관의 명령에 따라 충실하게 움직였다. 부르고뉴 기사군이 각자 자신들의 생각에 따라 제멋대로 움직인 것은 크게 잘못된 것이다. 그리고 스위스 보병들에게는 기사도 같은 승자의 관용 따위는 조금도 없었다. 그저 오로지 승리를 위해 적을 말살할 뿐이었다.

그리고 1474년 낭시(Nancy) 전투에서 부르고뉴 군은 완전히 섬멸 당한다. 겹겹이 쌓인 시체 더미 속에서 샤를 용담공의 시체가 발견되었다. 이로써 부르고뉴 공국의 운명은 끝이 났다.

프랑스왕 루이 11세는 즉각 부르고뉴 공국을 몰수했다. 한편 네덜란드 지방은 샤를 용담공의 사위인 합스부르크의 막시밀리안 1세의 손에 들어갔다. 막시밀리안 1세(Maximilian I, 재위 1493~1519)는 당시 로마 왕을 자칭하며 차기 신성로마황제 자리를 약속받은 상태였다.

부르고뉴 전쟁의 결과 프랑스 왕가 발루아(Valois)가와 신성로마제국 합스부르크가에 의해 지금의 벨기에, 네덜란드, 프랑스 북동부 일대의 영토 분할이 일단락되었다. 그리고 썩은 냄새를 찾아다니는 하이에나 같은 일족인 발루아가와 합스부르크가는 같은 목표물을 노리고 같은 곳으로 눈을 돌렸다. 이탈리아였다.

먼저 선수를 친 것은 프랑스였다. 루이 11세의 뒤를 이은 샤를 8세(재위 1483~1498)가 이탈리아를 침공한 것이다. 이 '이탈리아 전쟁'의 발발로 인해 부르고뉴 전쟁에서 무적의 명성을 얻은 스위스 용병부대에 대한 수요가 높아져 프랑스뿐만 아니라 로마 교황, 이탈리아 도시들, 신성로마 황제가 앞다투어 스위스 용병을 찾게 되었다.

사악한 전쟁(마라 그에라)

스위스 용병을 고용한다는 것은 지금까지의 전투 형태를 근본부터 바꾸겠다는 것을 의미했다. 예를 들면 포로는 몸값을 챙기기 위한 중요한 인질이라는 것이 그 동안의 통념이었지만, 스위스 용병은 포로를 붙잡자마자 바로 죽여버렸다. 죽임으로써 적에게 공포심을 안겨주기 위함이었다. 전투는 말 그대로 적을 섬멸하는 것이었다. 기존의 사기극 같은 태평스러운 '예술로서의 전쟁'이 '사악한 전쟁(마라 그에라, Mara Guerra)'으로 바뀐 것이다.

중세 기사 이야기를 너무 읽었던지 샤를 8세는 상황을 파악하지 못했다. 나폴리 왕국을 탈환하고 그 기세로 콘스탄티노플까지 세력을 확장해, 그곳에서 세계 제국을 창건하겠다는 야심찬 계획을 꿈꾸던 샤를 8세는 채 일년도 되지 않아 이탈리아에서 도망쳐 나오는 것으로 '이탈리아 전쟁'은 끝이 났다. 그럴 수밖에 없었던 것은 스위스 용병에 의한 '사악한 전쟁'을 관철할 각오를 가지지 못했던 것이 주된 원인이었다.

샤를 8세의 뒤를 이은 루이 12세(재위 1498~1515)는 방계인 오를레앙가 출신이지만 선왕보다는 훨씬 냉철한 사람이었다. 1499년 루이 12세는 스위스 서약동맹과 10년간의 용병계약을 체결했다.

루이 12세

이런 상황이라 스위스 용병은 고향으로 돌아가 잠시라도 푹 쉴 틈이 없이 또 다른 전장으로 보내어졌다.

사실은 그들을 직업 용병으로 보낸 스위스 각 주정청이 용병들의 귀향을 꺼려한 것이다. 용병이 보내오는 송금은 언제나 환영하지만 그들의 귀향은 달가워하지 않았다. 온몸이 피에 절은 용병의 귀환으로 평화로운 산간 지방이 어지러워질 위험이 있다고 생각한 것이다. 어떤 주 의회에서는 "귀환 용병들을 차라리 죽이는 것이 더 낫다. 그렇지 않으면 그들 앞에서 안전하지 않다는 것을 두려워해야 하기 때문이다"라는 말까지도 나왔다고 한다. 물론 귀환 용병들 사이에서는 "우리가 대체 무엇 때문에 목숨을 걸고 싸웠는데…" 하는 불만이 끊이지 않았고, 주정청은 귀환 용병들을 다시 어딘가로 비싼 값에 팔아치울 수밖에 없었다. 그리고 그 용병들을 프랑스 왕 루이 12세가 산 것이다.

루이 12세는 선왕 샤를 8세의 무참한 이탈리아 퇴각으로 상처받은 프랑스 왕가의 수치를 설욕하기 위해 이탈리아를 다시 침공했다. 1499년의 일이다.

루이 12세의 조모는 스포르차가에게 밀라노 공국을 뺏긴 비스콘티가의 공녀였다. 그러므로 밀라노 공국의 정통 후계자는 자신이라는 대의명분을 내세웠다. 당시 밀라노 공국은 스포르차가의 시조 프란체스코 스포르차로부터 4대째인 루도비코 스포르차

(Ludovico Sforza, 1452~1508)가 통치하고 있었다. 한데 그는 적통이 아니었다. 형의 아이들이 아직 어리다는 이유로 섭정 자리에 올랐지만 결국 조카를 추방하고 밀라노 공이 된 것이다. 그의 비정한 성격을 보여주듯 피부색이 까무잡잡해 일 모로(무어인)라는 별명을 얻었고 본인도 이 별명을 즐겨 썼다. 그의 조카딸 비안카 마리아는 아버지의 뒤를 이어 신성로마제국 황제가 된 합스부르크가의 막시밀리안 1세와 결혼했다. 즉 루이 12세의 밀라노 공략은 발루아가와 합스부르크가의 정면 충돌을 가져왔다.

루도비코 스포르차

노바라의 배반

그런데 여기서 골치 아프게 된 것은 밀라노 공 일 모로의 군사력은 대부분 스위스 용병부대에 의존하고 있었다는 점이다. 밀라노를 공격한 프랑스군의 주력도 마찬가지로 스위스 각주의 주정청이 프랑스에 팔아치운 귀환 용병부대였다. 스위스 각주는 서약동맹을 맺고 있기는 하지만 스위스 전체의 통일된 정부가 없기 때문에, 각주의 용병계약에 따라 제각각 고용되어 이처럼 스위스 병사들끼리의 동포 살육전도 일어날 수 있었다.

1500년 밀라노와 신성로마제국 연합군과 프랑스군 양측은 밀라노 서쪽 47킬로미터 지점 노바라(Novara)에서 대치했다. 프랑스군의 스위스 용병 약 2만 명, 밀라노 진영에서 약 9천 명, 합쳐서 3만 명에 가까운 스위스인이 동족상잔의 비극을 앞두고 마른 침을 삼키며 기다리고 있었다. 점차 스위스 용병들 사이에 동요가 일어나면서 동족 싸움은 절대 싫다는 목소리가 울려퍼졌다. 처참한 동족 싸움을 피하려면 배반 외에는 다른 방법이 없었다.

밀라노 측의 스위스 용병은 고용주인 밀라노를 배반하고 프랑스에 붙기로 결정했다. 한데 그들은 일 모로를 죽게 내버려 두는 것은 양심에 걸렸는지, 표면상으로는 프랑스군에게 넘겨주기로 되어 있지만 결코 그런 짓은 할 수 없으니 안전하게 도망시켜주겠다고 밀라노 공작 일 모로에게 약속했다. 일 모로는 이를 믿고 스위스 병사로 변장해 탈출을 시도했다. 그런데 스위스 서약동맹의 하나인 우리(Uri) 주의 용병 루돌프 투르만이 5백 크로네를 받고 이를 밀고했다. 일 모로는 체포되어 프랑스로 끌려가 곧바로 처형되었다. 이것이 악명 높은 '노바라의 배반'이다.

우리(Uri) 주정청은 나중에 밀고자 투르만을 체포해 처형했지만 스위스 용병의 배반과 투르만의 밀고는 스위스 용병 역사상 씻을 수 없는 오점을 남겼다.

스위스 용병부대는 명성도 실추된 데다 프랑스 왕이 급료를 지급하지 않자 격렬하게 분노했다. 스위스 각주는 프랑스 반대파와 프랑스 우호파로 나뉘어 정쟁으로 이어졌다. 반(反)프랑스파가 실권을 쥐게 되자, 스위스 서약동맹은 교황과 신성로마제국 황제와 새로이 용병계약을 맺었다.

그러나 급료를 지급하지 않는다는 점에서는 교황과 신성로마제국 황제도 프랑스 왕 못지않았다. 용병은 고용주가 있어야 존재하는 집단이다. 자신들 스스로 고용하지 못하면 열강들에게 실컷 이용만 당할 뿐이다. 이러한 손해 보는 역할에서 벗어나려면 스위스 서약동맹 자신이 유럽 열강의 한 귀퉁이를 차지해야만 하고 그러려면 밀라노 공국을 제압해야만 했다.

'노바라의 배반' 후에 간신히 밀라노 공국을 유지하고 있던 것은 일 모로의 아들 막시밀리아노였다. 그는 노바라의 배반을 겪고도 여전히 스위스 용병부대에 의존해야만 하는 자신의 처지가 몹시 싫증이 났다. 그런 데다 스위스 서약동맹은 밀라노를 거의 속국 취급하며 무리한 요구가 끝이 없었다. 막시밀리아노는 이런 식이라면 거액의 연금을 받고 밀라노 공국을 프랑스에게 팔아치우는 것이 더 낫겠다는 생각까지 하게 되었다. "궁핍하면 멍청해진다"고 했던가. 이런 어리석은 생각은 곧바로 실현되었다. 그리고 그것을 결정지은 것이 마리냐노(Marignano) 전투(1515)였다.

1515년, 밀라노에서 약 15킬로미터 남동쪽에 위치한 마리냐노에서 밀라노를 공략한 프랑스군과 이를 저지하려는 스위스군이 격돌했다. 결과는 스위스군의 참패로 끝나고 스위스 서약동맹은 밀라노를 잃게 되었다.

이때의 프랑스 왕은 루이 12세에서 발루아 왕조의 걸출한 인물 프랑수아 1세(재위 1515~1547)로 바뀌었다. 프랑수아 1세는 이 대승리 이후 무참한 패자인 스위스 서약동맹과 '영원한 협조'를 맺었다. 그야말로 스위스를 영원히 프랑스의 용병으로 부리겠다는 얘기였다. 그리고 유럽 열강에 진입할 기회를 놓친 스위스는 이후로 오로지 용병산업 즉 '피의 수출'에만 전념할 수밖에 없었다.

스위스 장창부대의 밀집방진

그런데 무적을 자랑하던 스위스 장창부대가 어째서 패한 것일까? 한마디로 말해 스위스 부대는 자신들이 고안한 장창 밀집방진 전술을 너무 자신한 나머지 끊임없는 전술 개량을 게을리했기 때문이다. 마리냐노 전투에 앞서 벌어진 제2차 노바라 전투에서 스위스군은 승리하기는 했지만, 이때 이미 스위스식 장창 밀집방진의 전략에 문제점이 드러나기 시작했다. 스위스군은 그것을 깨닫지 못하고 여전히 기존의 전법을 고집하다 패배할 수밖에 없었다. 스위스 용병부대의 무적 신화는 서서히 무너지기 시작했고, 머지않아 결정타를 맞게 된다. 그 결정타를 날린 것이 독일 용병부대 란츠크네흐트(Landsknecht)였다.

제6장
란츠크네히트의 등장

파비아 전투에서 황제군에게 포로로 잡힌 프랑스 왕 프랑수아 1세

막시밀리안 1세와 남독일 용병부대

위대하고 용감한 황제 막시밀리안에게 신의 은총을!
황제 아래 한 기사단이 나타나
피리와 북을 가지고 여러 나라를 돌아다니니
이들을 란츠크네흐트라고 하도다.

 자신이 독일 용병(란츠크네흐트) 부대에 있었다는, 나중에 떠돌이 장님 가수로 고난의 인생을 살았던 예르크 그라프가 부른 가곡의 한 소절이다.
 이 가곡에서 알 수 있듯이 란츠크네흐트 부대는 합스부르크가 중흥의 시조인 '중세 최후의 기사'라고 칭송받던 신성로마제국 황제 막시밀리안 1세와 밀접한 관계가 있다. 황제는 란츠크네흐트 부대의 창설자는 아니었을지 몰라도 그들을 강력한 부대로 육성한 사람임에는 틀림없다.

15세기 말~17세기 동안 약 2백년에 걸쳐 유럽의 전장뿐 아니라 신대륙 남미를 포함해 세계 도처에 나타나 사람들을 떨게 한, 군사 역사상 매우 특이한 군사 조직인 란츠크네흐트 부대는 앞에서 말한 부르고뉴 전쟁에서 그 시작을 알리게 된다.

부르고뉴 전쟁이 일어나기 직전, 샤를 용담공은 라인강 서쪽 기슭(알자스 지방)의 합스부르크 영지를 점령하고 그 지역을 부르고뉴 공국에 편입시키기 위해 한 명의 관리를 파견했다. 하겐바흐 폰 페타라는 이름의 그 관리는 냉혹한 성격에 인정사정없는 폭정을 펼쳐, 나중에 농민 폭동이 일어나 처형당하지만, 그러나 그는 군사적인 선견지명이 있던 사람이었다. 그는 앞으로는 보병의 시대라는 것을 재빨리 간파하고 있었다. 더구나 스위스식 장창을 가진 보병 밀집방진이 유리하다고 보았다.

그러나 스위스 용병은 부르고뉴 전쟁에서 샤를 용담공의 당면한 적이었기에 스위스 용병부대를 고용할 수는 없었다. 그래서 그는 알자스와 남서 독일에서 큰돈을 뿌리며 대규모의 보병을 모집해 그들에게 스위스식 장창을 잡게 했다. 물론 급조된 장창부대라 실전에서 그리 큰 효과를 발휘하지 못했고, 결국 페타는 농민 폭동을 진압할 수 없었다.

어쨌든 이때의 특히 남서 독일에서 높은 급료에 이끌려 찾아온 스위스식 장창부대가 란츠크네흐트 부대의 전신이다. 그리고 만일 샤를 용담공이 페타가 남긴 이 용병부대를 시간을 들여 천천히 양성해서 그들을 부르고뉴 전쟁에 투입했더라면 전쟁의 양상 또한 바뀌었을지 모른다.

부르고뉴 전쟁이 끝나고 마지막으로 남은 것은 낭시 전투에서 전사한 샤를 용담공이 남긴 영지의 하나인 네덜란드 지방의 귀속 문제였다. 물론 프랑스는 부르고뉴 공국과 함께 네덜란드 지방도 손에 넣으려고 했다. 그러자 용담공의 사위인 막시밀리안 1세는 이를 저지하고자 프랑스와의 전쟁을 결심한다. 1479년의 긴가트 전투이다.

막시밀리안 1세

그런데 문제는 당시 로마 왕인 막시밀리안 1세(재위 1493~1519)에게는 휘하에 군대가 없다는 점이다. 로마 왕이란 신성로마 황제 자리를 잇는 계승자에 대한 칭호이다. 그런데도 머지않아 막시밀리안을 섬겨야 할 독일 제후들은 강 건너 불구경하듯 했고, 막시밀리안의 아버지 프리드리히 3세 역시 헝가리와의 전쟁만으로도 힘에 부쳐 도저히 원군을 보내 줄 여유가 없었다. 그러자 막시밀리안은 스위스 용병부대와 함께 대규모의 독일 용병을 남부 독일에서 끌어모았다. 그는 긴가트 전투에서 처음으로 보병 방진전법을 채택해 프랑스군을 격파했다. 이로써 네덜란드 지방은 합스부르크가의 손에 넘어가게 되었다.

그리고 막시밀리안은 당시 봉건 군사조직의 범주 밖에 있던 남독일 용병을 황제군의 주력 부대로 삼은 것이다.

란츠크네흐트의 고향

그런데 왜 남독일일까?

남독일은 신성로마제국의 판도 속에서 바이에른(Bayern) 제후국을 제외하고는, 유력 제후(대영주)가 없는 약소 제후(소영주)들이 밀집되어 있는 지대였다. 남독일의 약소 제후국들은 대 제후국인 바이에른과 황제 가인 합스부르크가의 본거지 오스트리아 사이에 끼여 양쪽의 눈치를 봐야 했다. 게다가 이 일대에는 교회의 지배를 받는 수많은 영지가 산재해 있었고, 더욱이 아우크스부르크(Augsburg)를 비롯해 신성로마제국 직속으로 제후의 지배를 받지 않는 유력한 제국 도시가 세력을 확장하고 있었다.

결국 남독일의 약소 제후국들은 대제후국 바이에른에 대항하기 위해 합스부르크가의 후원으로 슈바벤(Schwaben)동맹이라는 군사동맹을 결성하지만, 나중에 바이에른도 이 동맹에 가담해 결국 각 제후국들은 합스부르크가와 바이에른의 지배 하에 놓이게 되었다.

그런데 각 제후국들이 군사동맹을 맺는다는 것은 당시의 신성로마제국이 좀처럼 통일국가의 형태를 갖추지 못했다는 증거이다. 황제 가인 합스부르크가도 제후국들 간의 분쟁을 조정할 능력이 없었고, 오로지 자국령 확대에만 열을 올렸다.

또한 남독일은 북독일에 비해 토양이 비옥해 전통적으로 남자에게 균일하게 나눠주는 상속제도를 채택하고 있었다. 따라서 세대가 내려올 때마다 농지는 점차 쪼개지고 농민은 점점 영세해졌다. 더 이상 나눠줄 경작지가 없자 그들은 영세농민으로 전락했다.

농가의 차남이나 삼남은 소작인이 되든가, 가까운 도시에 난민으로 흘러들 수밖에 없었다. 그리고 제후국들도 모두 규모가 작아 강력한 공권력은 꿈도 꿀 수 없어서 이러한 농민의 도주를 막을 방법이 없었다.

당시 사회는 태어나서 마을 교회의 첨탑이 보이지 않는 곳까지 나가본 적이 한번도 없다는 사람들이 대부분일 정도의 정착형 농촌 사회였다. 하지만 당시의 남독일은 정착사회에서는 무법자나 마찬가지인 뜨내기나 방랑자가 될 사람들을 대량으로 떠안고 있었던 것이다. 농가의 차남이나 삼남과 도시 난민이 정착 사회에 등을 돌리고 한 가닥 희망을 품고 모두 용병 모집에 응한 것이다. 그리고 그들이 간 데가 지옥이었다는 것을 절감한 것은 훨씬 나중의 일이었다. 어쨌든 남독일은 용병의 보고(寶庫)였고, 이들 남독일 출신 보병으로 이루어진 용병을 일컬어 란츠크네흐트라고 한다.

란츠크네흐트와 아내

란츠크네흐트 vs 스위스 용병부대

란츠크네흐트는 독일어로 Landsknecht라고 쓰는데, Land는 나라, 토지, 시골이라는 의미이고, Knecht는 병사라고 해석해야 한다. 란츠크네흐트의 어원에 대해서는 다양한 해석이 나올 수 있다.

우선은 Land가 기병의 창 Lanzen에서 나온 말이라는 설이 있는데, 란츠크네흐트는 스위스 용병을 본떠 보병용 장창을 무기로 하고 있다. 또 다른 해석으로는 스위스 용병 같은 산악 출신 병사가 아니라 '평지(란트) 출신의 병사' 라는 의미는 어떨까?

그러나 란츠크네흐트에는 알고이 지방(현재의 독일과 오스트리아의 국경을 이루는 산악지대)과 티롤 출신 병사도 많았다. 도시가 아니라 '시골(란트) 출신 병사'라는 것도 어딘지 어색하다. 란츠크네흐트 부대에서는 처음 생겨났을 때부터 도시 출신 병사가 중요한 역할을 담당했기 때문이다. '국토(란트)를 지키는 병사' 라고 해석하면 현재의 국가라는 개념에 너무 얽매이게 된다. 애당초 국토란 뭘까, 조국이란 뭘까? 당시 그런 개념이 있었을까?

란츠크네흐트는 국가 방위라는 의식과는 전혀 관계없는 데서 생겨났다. 사실 신성로마제국 황제(독일왕) 군대와 끊임없이 전쟁을 한 프랑스 왕의 군대에도 수많은 란츠크네흐트가 고용되었다.

이처럼 란츠크네흐트의 어원은 확실치 않다. 그러나 그 당시에도 란츠크네흐트 부대와 스위스 용병부대의 차이점은 크게 강조되었다. 특히 란츠크네흐트가 둘의 차이에 대해 열을 내며 설전을 벌였다. 란츠크네흐트 입장에서 보면 스위스 용병부대와의 차이점을 강조해야 자신들의 정체성을 확립할 수 있기 때문이다.

사실 란츠크네흐트는 스위스 용병대를 모방하여 만들어진 것이다. 란츠크네흐트는 처음엔 늘 스위스 용병부대의 뒤를 쫓아다니면서 전장에서 그들과 떨어져 배치되는 것을 극도로 두려워했다. 이처럼 비척거리며 걷던 학생이 어느 샌가 선생님과 어깨를 나란히 할 만큼 성장했고 이윽고 교사에게 반항하게 된 것이다.

1486년 10월 9일 스위스 서약동맹 의회의 회의록에는 란츠크네흐트에 대한 기록이 있다. 슈바벤 지방의 기사 콘라트 게슈츠라는 사람이 스위스에서 란츠크네흐트 부대의 병사를 모집하면서, 란츠크네흐트 부대에 들어오면 혼자서 스위스 병사 두 명을 가볍게 제압할 만큼 단련할 수가 있다고 호언장담하고 있다며 괘씸하다고 적고 있다.

이 역사적 자료는 부르고뉴 전쟁 시작 무렵에 생겨난 란츠크네흐트 부대가 불과 십수 년 만에 스위스 용병부대와 경쟁 관계가 될 만큼 급성장했다는 것을 말해준다. 이후 두 용병부대는 서로 적개심을 불태우며 경쟁해나갔다.

스위스 용병처럼 무장하고, 스위스 용병의 전술을 채택하고, '스위스 용병의 관습을 본떠 자신들을 규율한' 용병부대인 란츠크네흐트는 대체 스위스 용병부대와 어떤 차이가 있는 것일까?

'자유'야말로 우리의 정체성

"란츠크네흐트는 복장과 무기 면에서 스위스 용병부대보다 훨씬 낭만적이고 다채로웠다"는 것이 일반적인 평가다. 특히 그 복장은 괴이하기까지 했다.

소수의 기사군에서 대규모의 보병군 시대로 접어든 중세 말기,

란츠크네흐트의 특이한 복장은 거칠면서도 화려했다

군주의 국가 독점은 아직 먼 이야기였다. 군주에게는 돈이 없었고 그래서 필요할 때마다 용병을 고용했다. 그런 용병에게 제복을 주는 것은 돈을 시궁창에 버리는 것이나 마찬가지였다.

군대에 제복이 도입된 것은 근대 이후의 일이다. 용병들은 각자 모두 각양각색의 모습을 하고 있었는데, 누덕누덕 기운 초라한 옷차림을 한 자가 있는가 하면 주머니 사정이 조금 나은 자는 화려한 복장으로 치장을 했다.

란츠크네흐트 용병 세계로 뛰어든 자들은 대부분 고향에서 살 길이 막막해 정착사회를 등지고 들어오는 사람이 대부분이었다. 그들은 고향에 들러붙어 겨우겨우 먹고 사는 겁쟁이들을 향해 자유가 없다며 비웃었다. 그리고 마을과 도시를 떠나 얻은 '자유'를 매우 특이한 옷차림으로 표현한 것이다.

남근(男根)을 과시하듯 나타내는 가죽 앞가리개, 거대한 깃털 장식이 붙어 있는 모자, 주름을 한껏 부풀린 상하 의복. 이러한 복장은 실제 전투에서 병사들의 움직임을 불편하게만 할 뿐 적합하지 않은데도 그들은 상관하지 않았다. 란츠크네흐트 스타일은 한 시대 전에 유행한 고딕풍이었다. 그러면서도 고딕시대와는 달리 그들은 모두 수염을 기르고 있었다. 균형이 맞지 않는 이 이상한 복장은 거칠면서도 화려했다.

의상에 나타나는 란츠크네흐트의 '자유'는 그 조직 형태에서 유래한 것이다. 스위스 용병부대는 용병이라고 해도 국가가 관리하는 용병부대였다. 이에 비해 란츠크네흐트 부대는 어디까지나 사기업이었다. 스위스 서약동맹의회 회의록에 나오는 슈바벤 기사 콘라트 게슈츠라는 중개인이 현금을 뿌리며 병사를 모집했던 것이 란츠크네흐트 부대였다.

일본에서도 **오닌의 난**(1467) 이후 수많은 하급 무사가 생겨나 각지에서 약탈을 한 것은 병사들의 고용처를 알선하는 중개인과 약탈품을 처리하는 장물상이 가게를 열고 있기 때문이었다. 당시 전쟁은 최대의 산업이었다.

그리고 독일에서는 강력한 공권력이 없었으므로 전쟁 비즈니스는 중개인인 민간 기업가들이 맡고 있었다. 이 전쟁 기업가들이 바로 용병대장이었다.

■ ■ ■
오닌의 난(應仁の亂)
쇼군 후계자 문제로 1467년 슈고 다이묘들이 교토에서 일으킨 난. 11년 동안 지속된 난으로 교토는 황폐해졌고 쇼군의 권위도 실추되었다. 이로써 100여년 동안 다이묘가 각축을 벌이는 혼란한 전국시대를 거친 뒤, 무로마치 막부는 멸망하였다.

란츠크네흐트의 병사 모집

신성로마제국 황제, 독일 제후, 제국 도시들, 프랑스 왕, 스페인 왕, 영국 왕, 로마 교황, 이탈리아 도시들이 전쟁을 결의하면 몇몇 용병대장들에게 모병 특허장을 교부한다. 이 모병 특허장은 최고 권력자인 전쟁의 최고사령관과 용병대장 사이에 교환하는 일종의 용병계약서이자 용병대장에 대한 임명장이기도 했다.

예를 들면 제국 도시 아우크스부르크는 부르크하르트 폰 에무스라는 용병대장과 계약을 맺는다. 1연대 12중대 총 6천 명의 병사 확보. 군인 복무규정 문서 조항 작성. 고용 기간은 3개월. 열병 일정과 장소 확정. 연대장의 월급 20굴덴. 각 중대는 중대장 외에 기수가 한 명. 중대장의 월급 12굴덴. 기수는 10굴덴. 병사의 급료는 월 4굴덴. 연대장 호위병은 8굴덴. 급료 책정 기간은 28일로 한다. 모집 때 병사들에게 지불하는 계약금은 한 사람당 40그로센… 이런 식으로 자세한 조항이 열거되어 있다.

참고로 월 4굴덴이면 직인 중에서도 우두머리급 정도의 벌이가 된다. 원래 살 길이 막막했다거나 직업이 있어도 기초생활도 안 되는 임금밖에 받지 못하는 사람들에게는 매력적인 금액이 아닐 수 없었다. 더구나 급료 책정 기간이 월간 28일이라는 것도 솔깃한 이야기다. 보통은 30일로 정해지기 때문이다. 계약 기간 동안 무사히 근무하면 얼마간의 돈을 모을 수 있어, 제대 후에는 그것을 밑천삼아 조그만 장사라도 시작할 수 있을 거라 생각한다. 하지만 늘 생각대로 일이 되는 법이 아니다.

여하튼 연대장 에무스와 아우크스부르크 시장 간에 합의가 이루어지고 계약서에 사인을 한다. 그러면 모병 특허장은 정식 임명장이 된다. 에무스는 평소 거느리고 있던 부하들을 모으고 그들 몇몇에게 병사를 모집하기 위한 지방 순회를 명령한다.

모병 담당자는 피리와 북을 연주하면서 도시와 촌락을 행진하며 다녔고, 두려움 반 호기심 반으로 모여든 사람들을 향해 외치기 시작했다.

"자, 제군들! 소시민적인 평범한 생활을 버리고 지금 당장 란츠크네흐트 부대에 들어오라! 마을을 버리고 도시를 버리고 여러분은 자유로운 전사가 되는 것이다!"

그러면서 사람들에게 슬쩍 현금을 흔들어 보여준다. 그러면 선동에 혹한 자가 서기 담당자에게 출신지와 이름을 대고 회계 담당자에게 계약금을 받는다. 이 사람은 계약금에 정신이 팔려 모병 리스트에 기재된 자신의 이름 뒤에 '장창값 2굴덴'이라고 적혀 있는 것을 미처 깨닫지 못한다. 그는 장창을 갖고 있지 않으므로 열병지에서 지급받기로 되어 있다. 물론 공짜가 아니다. 그것은 2굴덴이나 하고 첫 급료에서 제한다. '장창값 2굴덴'은 이를 위한 기록이다. 나중에 이 사실을 알게 돼도 이미 어쩔 수 없는 일이다. 왜냐하면 계약금을 받은 순간부터 이 사람은 머리끝에서 발끝까지 자신의 몸뚱이를 란츠크네흐트 부대에 팔아넘겼기 때문이다.

다음은 열병(閱兵)이다. 열병지까지 가는 길가에 있는 여관이나 술집들은 잔뜩 긴장했다. 노잣돈을 다 써버린 란츠크네흐트 지원자가 혹시라도 강도나 무전 취식자로 변할까봐서였다. 하긴 여관 주인이나 술집 여주인도 그리 만만하지는 않았다. 물정에 어두운 병사들을 상대로 엄청나게 바가지를 씌우는 사람들이 끊이지 않았고, 그래서 당국에서는 여관 주인이나 술집 여주인에게 적당한 값을 받고 숙소나 식사를 제공하도록 포고령을 내릴 정도였다.

물론 계약금을 받은 란츠크네흐트 지원자를 온종일 감시하는 시스템이 없었으므로, 돈만 받고 줄행랑칠 기회는 얼마든지 있었다. 그럼에도 계약금을 떼어먹는 사람은 거의 없었다. 란츠크네흐트 지원자 대부분이 열병장에 출두한 것이다. 한마디로 모병 리스트에 이름을 올린 자는 어떻게든 반드시 열병지에 출두한다는 것이 란츠크네흐트의 도덕적 의무라고 할 수 있다.

역사상 보기 드문 민주적인 군대

드디어 열병지에 도착했다. 이제부터가 전쟁기업가인 용병대장이 실력을 발휘할 때이다. 용병대장의 고용주인 최고사령관은 열병식에는 거의 참석하지 않고 보통 병참관을 대리로 보낸다. 병참관은 지원자와 장비를 점검한 다음 최종적으로 채용을 결정하고 동시에 급료와 배속을 정하는데, 좋은 장비를 갖추고 있으면 급료를 2배로 받는 경우도 있다.

그래서 병참관을 상대로 온갖 부정행위가 자행된다. 당연히 무기와 갑옷과 투구의 대여가 성행했고, 무엇보다도 병사의 수를 실제보다 부풀렸다. 여자와 아이에게도 장창을 주고 한 사람의 어엿한 란츠크네흐트로 꾸몄다. 그 중에는 13개의 가명을 적당히 써서 13중대에 이름을 올린 수완꾼도 있었다. 용병대장은 이렇게 해서 병사의 급료를 부풀려 요구하고 그것을 착복했다. 중대장들도 그 콩고물을 얻어먹기 위해 필사적이었다. 이렇게 해서 열병장은 온갖 부정이 총출연하는 양상을 띠게 된다.

그래도 어찌됐든 1중대 약 5백 명의 정원은 실제로는 대략 10퍼센트 정도가 결원인 채 장부상으로는 사열이 끝났다. 그러면 군인 복무규정에 관한 낭독과 서약이 행해진다.

군인 복무규정은 대개 3장으로 나누어져 있는데, 제1장은 병사의 공과 사를 규제하는 일반적인 규율과 연대장, 장교, 상관에 대한 복종이 명문화되어 있다. 여기에 덧붙여 사법관의 보호, 재판소법의 승인, 헌병 및 사법관의 직권, 연대장의 허가 없이 제대 금지 등에 관한 규정이 들어 있다. 그런데 사법관의 보호와 헌병의 직권 확인이 적혀 있지만, 물론 이 군인 복무규정 유효기간은 란츠크네흐트 부대의 계약이 끝날 때까지이고 부대 해산과 동시에 그 효력을 잃는다. 그럴 때면 병사들의 원성의 대상이 되었던 사법관이나 헌병은 신변의 안전을 위해 재빨리 모습을 감추었다.

제2장은 부대 내의 일반적인 예법과 전투시의 관습, 그 위반 규정 등이 정해져 있다. 예를 들면 가짜 서약에 의한 신에 대한 모독 금지, 교회와 사제의 보호, 임산부와 부녀자 보호 등이다. 그리고 제분소의 보호도 규정되어 있는데, 중세 독일에서는 농민은 정해진 제분소를 이용해야 한다는 제분소법이 있기 때문이다.

제3장은 병사의 권리와 공동 결정권, 자치의 제한이 주요 항목으로 되어 있다. 즉 연대장 허가 없이 부대 내의 병사 집회를 금지하고 병사의 급료 액수, 지불 방법, 약탈의 권리 등에 관한 규정이다. 이 규정을 보면 란츠크네흐트 부대가 마치 하나의 움직이는 국가였다는 사실을 알 수 있다.

그런데 여기서 주목해야 할 것은 병사 집회를 통한 공동 결정권에 관한 규정이다.

이와 같은 낭독과 의식이 모두 끝나면 드디어 원정이 시작된다. 보통 1연대는 10~12중대 단위이고 연대장은 원정에 앞서 원형으로 늘어서 있는 병사들에게 중대장, 사법관, 헌병, 병참대장, 병영대장을 소개한다.

그런 다음 각 중대별로 중대장이 기수와 중사를 소개하는데 기수는 그야말로 중대의 꽃으로서 중대장, 연대장으로의 출세 코스라 할 수 있다. 보통 도시 귀족 자제 중에서 모험을 좋아해 란츠크네흐트 세계에 뛰어든 젊은이들과 실력에 자신 있는 소영주 기사의 자제들이 대부분이었다.

중사의 조수격인 특무병, 예를 들면 선도병, 취사병과 분대 지휘관인 하사 등을 병사 집회에서 선출한다. 그리고 특무병 중에 '아미서튼'이라 불리는 직책이 있다.

아미서튼은 '전권위원' 또는 '외교사절'을 의미하는 라틴어에서 나온 말인데, 그 역할은 연대장과 고용주인 최고사령관에 대한 부대 전체 병사들의 이익을 대표하는 것으로 병사 집회에서 선거로 결정한다.

즉 란츠크네흐트는 군 당국으로부터 관리 통제를 받지 않는 자신들만의 자치 조직을 갖고 있다는 의미이다. 병사 집회는 현재의 노동조합과 비슷한 기능을 하며 급료의 미지급에 대한 항의, '돌격 수당' 같은 특별 수당의 획득, 약탈품의 공동 분배 등, 공동 결정권을 행사하며 군 당국의 온갖 부정행위를 감시했다. 그런 의미에서 란츠크네흐트 부대는 군 역사상 보기 드물게 민주적인 군대였다.

그래서 군 당국은 앞에서 서술한 군인 복무규정 제3장에서 보듯이 연대장 허가 없이 병사 집회의 금지를 기재한 것이다. 연대장은 병사 집회에서 돌발적으로 분출하는 병사들의 난폭한 에너지를 염려하여 어떻게든 병사들의 공동 결정권을 제한하려고 한 것이다.

주보상인의 존재

나폴레옹은 "군대는 위장(胃腸)으로 움직인다"라고 했다. 이처럼 군대에서 식량 보급은 군대의 전투력 유지의 중요한 기본이 된다. 그래서 군 당국은 식량의 조직적이고 효율적인 보급을 위해 각별히 신경을 쓰는 것이다.

그런데 란츠크네흐트 부대 당국은 처음부터 식량 보급에 아무런 신경도 쓰지 않았다. 용병부대라는 임시 군대가 병참대의 비용을 들인다는 것은 애당초 무리였다. 대신 외부 업자에게 하청(아웃소싱)을 하는 것이 훨씬 효율적이었다. 이렇게 해서 빵, 고기, 수프, 맥주, 와인 등의 식량 조달과 배급은 모두 민간기업인 주보상인(酒保商人)에게 맡겨졌다.

주보상인은 식량뿐만 아니라 무기, 탄약, 갑옷과 투구 그밖에도 생활에 필요한 온갖 잡화를 취급했다. 각종 약탈품을 병사들로부터 싸게 매입했으며, 연이은 전투로 거칠어진 병사들에게 술집과 도박장을 열었고, 요리, 시중, 세탁, 재봉, 간호를 담당하는 여성들을 데리고 다니며 필요할 때는 병사들에게 섹스를 제공하는 매춘부 노릇까지 시켰다. 당연히 주보상인들은 연대장들에게 뇌물을 상납했고, 거기에 드는 돈은 고스란히 물건 값에 포함되었다.

〈황제 막시밀리안 1세의 개선행렬〉

아무튼 란츠크네흐트 부대의 형식뿐인 병참부대는 주보상인과 그 부하, 여자와 아이들, 유랑 연예인 같은 비전투 요원들로 채워졌다. 그 수가 굉장히 많아서 란츠크네흐트 1연대가 6천 명이라면 거의 그 수와 맘먹는 민간인이 연대 뒤를 따라다녔다. 그 모습을 16세기의 판화가 알브레히트 알트도르퍼(Albrecht Altdorfer, 1480~1538)는 54미터에 이르는 연속 목판화 〈황제 막시밀리안 1세의 개선행렬〉의 마지막을 장식하는 6장짜리 〈병참부대〉에 다큐멘터리 영화처럼 묘사하고 있다.

선두는 지휘봉을 든 병참대장이 말을 타고 간다. 그 다음에는 비칠비칠 늙어빠진 말에 탄 한 쌍의 남녀. 그리고 한껏 모양을 낸 화려한 여자 두 명. 그녀들도 말에 탔다. 그 뒤를 수많은 병참대원이 따라간다. 그 행렬에는 질서라곤 전혀 보이지 않았다. 어떤 자는 도보로 가고, 어떤 자는 마차로 가고, 짐마차와 말을 끄는 사람, 바구니와 통을 멘 사람, 짐이나 보따리를 안고 가는 사람 등 각양각색이다. 아이들, 여자, 남자, 젊은이, 노인, 개도 있었고 병사들, 술 취한 종군 사제, 아가씨들에게 둘러싸인 병참부대 기수, 무거운 짐을 짊어진 신발장수 등 행진은 어수선하고 제멋대로였다.

물론 이러한 병참대의 존재는 행군 속도를 떨어뜨릴 뿐만 아니라 전투 중에는 몹시 거치적거렸다. 그러나 병참대의 규모는 축소되기는커녕 점점 확대되기만 해서 17세기의 30년전쟁 때는 군대의 1.5배나 되었다. 군대의 조직적인 군량 보급은 근대까지 이루어지지 않았다.

전쟁기업가 용병대장의 자격

그럼 이처럼 특수한 군대인 란츠크네흐트 부대를 이끄는 연대장, 즉 전쟁기업가인 용병대장은 어떤 사람들일까?

병사들에게 있어서 연대장은 악랄한 방법으로 자신들의 피를 빨아먹는 악덕 기업가였지만 그렇다 해도 연대장이 있고 나서야 병사들이 있는 것이다. 부대 내에서의 재판권, 전투 중의 작전 지휘 등, 연대장은 그야말로 병사들의 생살여탈권을 쥐고 있었다.

병사들 입장에서 봐도 급료를 지급하고 자신들을 먹여살려주는 것은 신성로마제국 황제, 독일 제후, 제국 각 도시, 프랑스 왕, 스페인 왕, 영국 왕, 로마 교황, 이탈리아 각 도시의 누구도 아니고 바로 연대장이다. 병사들은 연대장의 고용주가 누구건 상관하지 않았다. 최고사령관이 어느 나라의 군주건, 적이 누구건, 누구를 위한 전쟁이건 전혀 관심 없었다. 오로지 어느 연대장을 따라가야 급료를 밀리지 않고 받을 수 있고, 많은 약탈품을 얻을 수 있는가에만 관심이 쏠려 있었다.

　독일 용병 란츠크네흐트는 스위스 용병과는 달리 돌아갈 고향이 없었다. 일단 용병 일에 몸을 담갔다 하면 대부분 고향으로부터 냉대를 받는다. 용병 계약기간이 끝나고 부대가 해체되면 그들은 당장 굶을 수밖에 없다. 월 4굴덴의 급료는 부대 안에서의 도박, 술값, 매춘부 화대 등, 주보상인의 갈취로 흔적도 없이 사라져 버린다.

　돌아갈 고향도 없는 제대 병사는 걸식, 행상인, 유랑 연예인, 땜장이, 집시처럼 사회계급 질서 밖에서 살아가는 비정착사회에 몸을 담글 수밖에 없었다. 그들은 제국을 방랑하며 무전취식, 도둑질, 노상강도, 방화, 살인, 약탈을 일삼으며 거칠고 음험한 기운을 풍기고 있었다. 그리고 어딘가에서 용병부대를 모집한다는 소리를 들으면, 사회에서는 더 이상 온전하게 살 수 없게 된 제대 병사들이 앞다투어 병사 모집에 응했다.

　물론 그 이후는 지금까지의 생활이 또다시 반복되었다. 병사들은 자기 목숨을 담보로 얻은 월 4굴덴의 급료를 술과 도박과 여자에 탕진하는 생활에 빠져 그날그날 되는 대로 살아갈 수밖에 없었다. 그러나 적어도 이곳에는 그들의 생활이 있었다. 아니, 이곳밖에 없었다. 병사들에게는 란츠크네흐트 부대가 고향인 셈이다. 그 고향을 다스리는 용병대장, 즉 연대장에게 병사들이 어느 샌가 신비스러운 카리스마를 느낀다 해도 전혀 이상할 게 없는 것이다.

　또한 연대장은 그러한 카리스마를 내뿜지 않으면 연대장 노릇을 할 수 없다. 물론 군사학에도 정통해야 하고 그러다보니 용병대장의 출신 계급은 한정될 수밖에 없었다.

연대장, 중대장, 기수 같은 장교들은 대부분 입신출세와 권력을 갈망하는 몰락한 기사나 귀족들이 차지하고 있었다. 그러나 경제적 사회적으로 아무리 몰락했다고 해도 기사 귀족에서 용병대장으로의 전환에는 나름대로의 상당한 각오가 필요했다.

우선 말에서 내려야 한다는 것이다. 물론 용병대장인 연대장은 행군 중에는 말을 타고 있다. 하지만 일단 전투가 시작되면 연대장은 말에서 내려와 병사와 똑같이 도보로 전투를 벌였다. 아니, 오히려 부대의 선두에 서서 진두지휘를 해야만 했다. 여느 때 같으면 감히 말도 붙여 볼 수 없는 고귀하고 용감한 기사가 태생도 알 수 없는 하급 병사와 어깨를 나란히 하고 전열에 가담해야만 하는 것이다. 말에서 내린다는 것은 기사로서의 자존심을 버리는 일이었다.

이런 이유로 란츠크네흐트 육성자들은 그렇게 자진해서 말에서 내려왔다. 긴가트 전투에서는 막시밀리안 1세조차 잠깐 동안이기는 하지만 창을 쥐고 보병의 맨 앞줄에 섰었다. 1485년, 간시(市)에 입성했을 때 이 로마 왕은 창을 어깨에 메고, 자신이 이끄는 란츠크네흐트 부대를 도보로 앞장서기도 했다. 막시밀리안의 이러한 행동은 당연히 병사들에게 큰 감동을 주었다.

하지만 이러한 제스처는 사실 병사들에게 보여주기 위한 것만은 아니었다. 막시밀리안은 귀족들을 향해 "구태의연한 기사로서의 긍지를 버리고, 병사들의 맨 앞에 서서 병사들을 분발시키는 진정으로 고귀한 전사가 되라!"는 메시지를 전한 것이다.

그리고 이러한 귀족 출신 란츠크네흐트에 의해 보병부대의 새로운 도덕을 향상시켜 보병부대에게 자의식을 심어주고, 나아가서는 제국과 그 대리인들에 대한 충성심 같은 군인정신을 심어주고자 한 것이다. 막시밀리안은 이런 식으로 해서 란츠크네흐트에게 철저한 충성심과 복종을 바랐다.

란츠크네흐트의 아버지

막시밀리안 1세의 기대에 가장 잘 부응한 사람이 게오르크 폰 프룬츠베르크(Georg von Frundsberg, 1473~1528)였다. 그는 민델하임의 소귀족 출신으로 장남이 아니어서 상속받을 영지가 적자 군인의 길을 택했고, 승진을 거듭해 모병 특허장을 교부받는 용병대장이 되었다. 그렇지만 그의 고용주는 늘 합스부르크가였고, 막시밀리안 1세와 그 손자인 카를 5세(재위 1519~1556)를 섬겼다. 그래서 작은 이익을 좇아 계속해서 고용주를 바꿔대는 여느 용병대장들과는 달랐다.

오히려 그는 용병대장의 전쟁기업가로서의 측면으로 보면 소홀한 면이 있었다. 사실 프룬츠베르크는 용병계약을 체결할 때도 늘 합스부르크가와의 협상에서 밀려 전쟁 비즈니스로 인한 이익이 떨어질 수밖에 없었다. 병사들의 수를 부풀려 급료를 착복하는 일도 없었고 병사들에게 조잡한 장창을 비싼 값에 팔아치우는 일도 없었다. 병참부대의 식량, 탄환, 무기들의 물자 납품에 따른 커미션도 챙기지 않았다. 주보상인이 주는 뇌물도 거절했다. 그 때문에 프룬츠베르크 연대의 주보에서는 물건 값이 적당했다. 그리고 무엇보다도 프룬츠베르크는 무기의 질에 심혈을 기울였다.

전투에서는 용감하지만 결코 무모하지 않아서 전황이 불리할 때는 퇴각하여 병사들을 헛된 죽음으로 몰아넣는 일은 하지 않았다. 병사들은 이러한 프룬츠베르크를 '란츠크네흐트의 아버지'라고 칭송하며 그를 따랐고 당연히 그의 군대는 실로 막강했다.

조부인 막시밀리안 1세의 뒤를 이어 신성로마제국 황제가 된 카를 5세는 프룬츠베르크가 이끄는 란츠크네흐트 최강 부대를 거느리고 숙적인 프랑스 왕 프랑수아 1세와의 일대 결전을 준비했다. 1525년의 파비아(Pavia) 전투였다.

이 전투는 이탈리아의 패권을 놓고 합스부르크가와 발루아가의 계속된 사투에 종지부를 찍는 전투이기도 했지만, 그와 동시에 스위스 용병부대와 란츠크네흐트 부대의 종결이기도 했다.

파비아 전투

1524년 가을, 2만 여 명의 프랑스군에게 완전히 포위된 이탈리아 북부도시 파비아. 농성 중인 4천 명의 신성로마제국 황제 카를 5세의 군대인 란츠크네흐트 부대는 굶주림에 시달리다 결국에는

파비아 전투

1525년 2월 24일 프랑스왕 프랑수아 1세와 신성로마제국 황제 카를 5세가 이탈리아에 대한 주도권을 놓고 파비아에서 벌인 전투. 프랑스군이 적의 포 공격을 막아주는 보호처에 숨어 있으면서 잘 먹고 지내다가 스페인의 화승총 부대의 급습에 패배하였다고 하여 굶주린 배가 승리한 전투라고 한다. 이 전투로 프랑스군 2만8천여 명이 거의 전멸했고, 프랑수아 1세는 포로가 되어 마드리드로 호송되었으며, 이듬해 강화를 맺고 이탈리아에 대한 권리를 포기하였다.

말, 당나귀, 개와 고양이까지 잡아먹을 수밖에 없었다. 그래도 항복을 완강하게 거부한 것은 지원군이 올 가망성이 있었기 때문이다.

이듬해인 1525년 1월 말, 황제군 2만여 명은 알프스를 넘어 파비아 시 교외에 그 모습을 드러냈다. 그리고 2월 24일, 역사적으로 유명한 **파비아 전투**가 시작되었다.

황제군의 총사령관은 프랑스 부르봉가의 통령인 부르봉(Bourbon) 공작으로, 프랑스 왕 프랑수아 1세와 대립하여 황제군에 가담한 것이다. 카를 5세는 동시에 스페인 왕 카를로스 1세이기도 했다. 그 스페인군을 이끈 사람은 페스카라 장군이었다. 그러나 황제군의 주력은 프룬츠베르크를 비롯한 역전의 용병대장이 지휘하는 란츠크네흐트 부대였다. 그리고 란츠크네흐트 부대의 창방진(槍方陣)이 1천5백 명의 화승총 부대를 지키는 식으로 최전선에 섰다.

프랑수아 1세

한편 프랑스군은 국왕 프랑수아 1세가 친히 참전했는데 최전선에는 프랑스 흉갑기병이 배치되었다. 게다가 막강한 스위스 용병부대도 있었다. 당시에는 아직 스위스 서약동맹에 참가하지 않았던 그라우뷘덴(Graubunden) 주 출신의 용병부대였다. 또한 가스코뉴(Gascogne) 출신 용병도 있었다. 그리고 영국의 리처드 서포크 백작이 이끄는 '흑부대(黑部隊)'가 있었다. 사실 이 '흑부대'는 사실 프랑스군에 고용된 독일 용병 부대였다.

전투는 9시간 반 동안 계속되었다. 처음에는 프랑스군이 진지 지형의 이점을 이용해 밀어붙이는 추세였다. 그러나 프룬츠베르크가 이끄는 황제군 란츠크네흐트 부대의 창방진이 서서히 힘을 발휘했다. 그리고 무엇보다도 1천5백 정의 화승총이 효과를 발휘했다.

프랑스 흉갑기병이 픽픽 쓰러졌고, 그 사이 란츠크네흐트 부대는 프룬츠베르크 부대가 정면에서, 에무스 부대가 좌측면에서 프랑스의 흑부대를 향해 돌격했다. 이때부터 화기(火器)가 전투의 주역으로서 확실하게 부각되었다. 화승총 부대는 창방진 측면에서 원조하는 역할이 아니라 오히려 창방진이 화승총 부대를 지키러 다니는 식이었다.

이러한 전투의 변화를 깨닫지 못한 프랑스군의 스위스 용병부대는 순식간에 무너졌다. 이어서 그라우뷘덴 용병과 가스코뉴 용병이 뿔뿔이 흩어져 도주하기 시작했다.

패주병 사냥은 처참하기 이를 데 없었다. 그야말로 시체가 산을 이루고 피가 바다를 이루는 참혹한 광경이었다. 파비아 근처를 흐르는 티치노 강으로 내몰린 프랑스 측의 스위스 용병부대 대부분은 얼음처럼 차가운 물에 빠져 비명을 지르며 죽어갔다. 프룬츠베르크의 종군 서기관 라이스나는 "신은 이날, 은총을 베풀어주시지 않았다"라고 적고 있다. 그리고 그는 파비아 전투를 '사악한 전쟁(Mara Guerra)'이라고 불렀다.

며칠 후, 스페인의 마드리드 궁정에서 정무를 보고 있던 신성로마제국 황제 카를 5세이자 스페인 왕 카를로스 1세는 "폐하, 대승리입니다. 프랑스 왕 프랑수아 1세는 우리 군에 잡혀 지금 폐하의 손 안에 있습니다"라는 승전보를 만족스런 표정으로 듣고 있었다.

포로의 몸이 된 프랑스 왕 프랑수아 1세는 곧장 마드리드로 호송되어 감금되었다. 왕으로서 포로가 되는 치욕을 겪은 프랑수아 1세에게 병마가 덮쳤다. 애당초 무리였던 왕의 밀라노 공작위 계승권 주장은 완전히 사라졌고, 게다가 부르고뉴 전쟁에서 루이 11세가 프랑스 왕가로 편입시켰던 부르고뉴 공국을 합스부르크가에 넘기는 굴욕적인 양보를 할 수밖에 없었다.

이 마드리드 조약으로 샤를 8세의 이탈리아 침공 이후 '이탈리아 전쟁'은 합스부르크가의 대승리로 끝나는 듯 보였다.

그러면 란츠크네흐트를 비롯한 용병의 대량실업 시대가 온 것일까. 아니, 그렇게 되지는 않았다.

제7장
끝없이 이어지는 사악한 전쟁

'란츠크네흐트의 아버지' 게오르크 폰 프룬츠베르크

독일 농민전쟁

이탈리아에서 귀환한 란츠크네흐트에게 기다리고 있는 것은 농민전쟁이었다.

1525년부터 남부 독일에서 시작되어 독일 전역으로 퍼진 농민반란은 당시 최대의 이슈이자 사회비판적이었던 종교개혁을 정신적인 지주로 삼았다. 그만큼 **종교개혁**은 농민층에게 널리 퍼져 있었다. 그리고 농민에게 있어서 로마 가톨릭교회를 비판하는 것은 곧 속세의 체제에 대한 비판이었다.

당시 독일은 **영방(領邦)국가** 체제가 확립되는 과정이어서 농민은 이전보다 한층 더 노예처럼 농업에 예속될 수밖에 없었다.

■ ■ ■
종교개혁
1517년 마르틴 루터가 로마 가톨릭 교회의 부패와 타락을 비판하는 내용의 95개조 반박문을 발표함으로써 시작된 개혁운동. 그 결과 개신교와 성공회가 로마 가톨릭으로부터 분리되었다.

영방국가

신성로마제국(독일) 황제는 13세기 이후 권력이 약화되자 제후(諸侯)들에게 왕권에 소속되는 각종의 주권 사항을 위양하여, 지방 제후령은 독립된 주권적 영방을 형성하였다. 이것이 영방국가이다. 오스트리아, 프로이센 등도 각각 영방국가의 하나이다. 이 영방국가가 국가적 분열을 극복하게 된 것은 1871년 독일제국 창건에 의해서이다.

영방국가가 성립되기 훨씬 이전, 즉 독일 고대 게르마니아 시대부터 면면이 이어져온 '오래된 법'이 영방 군주가 추진하는 '새로운 법'에 짓밟혀 농민 고유의 권리가 박탈당하고 있었던 것이다. 산에서 땔감을 줍거나 초지에서 가축에게 풀을 먹이거나 강에서 고기를 잡는 일처럼 예로부터 당연시해온 권리(입회권) 행사에도 세금이 붙더니, 급기야는 죽은 사람에게 사망세가 부과되는 어이없는 시대가 된 것이다.

이때 농민들은 속세의 주권에 대한 저항의 논리를 '신(神)의 법'에서 찾았다. 그리고 그 '신의 법'을 방치하고 있는 로마 가톨릭교회를 향한 통렬한 탄핵인 종교개혁이 곧이어 농민의 생사를 내건 투쟁으로 이어졌다.

마르틴 루터

한데 종교개혁 제창자인 마르틴 루터(Martin Luther, 1483~1546)의 비난은 어디까지나 로마 가톨릭을 향한 것이지 속세의 권력자를 공격한 것은 아니었다. 아니, 오히려 루터는 다음과 같이 주장했다.

"주권자와 그에 속한 공동체는 신의 섭리이다. 그러므로 주권자에게 저항하는 것은 신을 모독하는 행위나 마찬가지이다. 그러므로 군인은 신의 지시에 따라 발칙하게도 폭동을 일으킨 농민에게 철퇴를 내려야 한다."

폭동을 일으킨 농민은 루터에게 내침을 당한 것이나 마찬가지였다. 기다렸다는 듯이 각 영방 군주는 단결해서 농민 폭동 진압에 나섰다.

물론 진압군은 란츠크네흐트였다. 그런데 문제는 란츠크네흐트의 태반이 농민 출신이라는 점이었다. 권력자가 교활하게 짜놓은, 같은 피지배 계급끼리의 처참한 살육전 벌여야 하는 란츠크네흐트 부대원들이 속출했다. 그들은 농민군에 가담해 자신들이 익힌 전투 기술을 가르치고, 농민군을 란츠크네흐트 부대처럼 막강한 전투 조직으로 만들었다. 독일 각지에서 자연 발생적으로 일어난 농민 폭동이 각 지역간에 서로 연계하면서, 영방 군주가 계속 투입하는 압도적인 물량을 잘 막아낼 수 있었던 것도 농민군에 가담한 란츠크네흐트 부대 출신 용병들 덕분이었다.

그래서 남부 독일 농민 반란 진압의 주축이 되었던 바이에른 제후국의 장관 레온할트 폰 에크는 농민 진압에 란츠크네흐트를 투입하는 것은 위험하니, 차라리 보헤미아나 발칸반도의 용병을 써야 한다고 주장했다.

보헤미아 용병은 마르틴 루터보다 먼저 보헤미아에서 종교개혁을 주장하다 화형 당한 얀 후스(Jan Hus, 1372~1415)를 신봉해 봉기한 **후스 혁명**(후스 전쟁) 전사의 혈통을 잇고 있었다. 후스 혁명은 용병대장 얀 제시카의 뛰어난 조직력과

▪▪▪
후스 혁명
1419~1434년 보헤미아의 후스파(派)가 종교개혁의 주장을 내걸고 독일황제 겸 보헤미아 왕의 군대와 싸운 전쟁.

전략으로 한동안 우세를 떨쳤지만, 결국은 후스파 내의 강경파인 타보르파와 다른 파의 내분으로 자멸하고 말았다.

그런데 유럽의 권력자들은 보헤미아 용병의 강력함만큼은 잊지

않았고, 보헤미아 용병은 유럽 용병시장에서 스위스 용병과 란츠크네흐트에 버금가는 인기 상품이 되었다. 특히 당시 유럽세계를 침식하고 있던 오스만 투르크와의 싸움에 보헤미아 용병이 다수 투입되었다.

에크의 주장에도 불구하고 농민 폭동으로 골머리를 앓던 영방 군주들은 독은 역시 독으로써 제압해야 한다는 의견에 동조했다. 어쨌든 이탈리아에서 수많은 란츠크네흐트들이 속속 귀환했고, 그들을 쓸 수밖에 없었다.

란츠크네흐트 용병들 역시 실직을 두려워했다. 그들 대부분은 먹고살기 위해 동포를 적으로 돌릴 수밖에 없었다. 농민군을 진압한 란츠크네흐트 부대의 한 병사는 "나는 나 자신을 지킬 수밖에 없었어. 나는 계약에 의해 군주님에게 묶여 있으니까. 너희들을 적으로 삼는다고 나쁘게는 생각하지 말아줘!"라고 노래했다. 이러한 비통한 노래는 아랑곳하지도 않고, 억압된 자들끼리 서로 싸우게 하는 권력자의 상투적인 수단은 여기에서도 압도적인 개가를 올렸다. 결국 농민 폭동이 진압된 것이다.

사코 디 로마

파비아 전투에서 카를 5세에게 패하고 마드리드에 유폐되었던 프랑수아 1세는 겨우 귀국이 허용되었다. 프랑수아 1세는 조국 프랑스 땅을 밟자마자 강요된 조약은 비준할 필요가 없다며, 어떤 의미에서는 지극히 정당한 이론을 들어 마드리드 조약의 파기를 선언하고 다시 합스부르크가에 대항할 뜻을 알렸다. 이에 발빠르게 동조한 것이 로마 교황 클레멘스 7세(재위 1523~1534)였다. 교황은 반(反)합스부르크를 내세우는 신성동맹을 호소했다. 신성동맹에서 무엇이 '신성(神聖)'인지는 잘 알 수 없지만, 말하자면 동맹의 일원으로 로마 교황이 들어 있으니 신성동맹이라는 것이다.

이에 격노한 카를 5세는 로마 교황을 징벌하기 위해 이탈리아로 군대를 보냈다. 농민전쟁을 진압하자마자 란츠크네흐트 부대에 또다시 일이 굴러들어온 것이다.

란츠크네흐트 부대와 스페인 용병부대로 이루어진 황제군은 한겨울에 알프스를 넘었다. 그런데 합스부르크가의 용병에 대한 급료 미지급은 한두 번 있었던 일이 아니지만 이번에는 특히 정도가 심했다. 얼어붙은 알프스를 넘어 이탈리아 북부 볼로냐에 도착한 용병들은 겨우 반달치 급료밖에 받지 못했다.

프룬츠베르크가 이끄는 1만2천 명의 란츠크네흐트 부대원들은 그래도 '우리들의 아버지' 프룬츠베르크의 구두 약속을 믿고 있었다. 그러나 부르봉 공작을 총사령관으로 한 스페인 용병부대에서는 서서히 불온한 공기가 감돌기 시작했다.

1527년 3월, 드디어 반란이 일어났다. 스페인 용병은 부르봉 공작을 희생의 제물로 바치려고 했지만 공작은 간신히 프룬츠베르크 진영으로 도망쳤다. 그런데 스페인 용병들의 분노가 란츠크네흐트에까지 전파되었다. 란츠크네흐트 부대원들은 즉각 병사집회를 열어 급료를 주지 않으면 한 발짝도 움직이지 않겠다고 결의했다.

프룬츠베르크는 "제군들은 로마에서 부와 명예를 손에 쥘 것이다"라고 열심히 설득했지만, 병사들의 분노는 가라앉지 않았다. 그들은 마침내 '우리들 란츠크네흐트의 아버지' 프룬츠베르크에게 창을 겨누었고, 그 순간 프룬츠베르크는 쓰러졌다. 뇌졸중이었다.

병사들은 한없이 자애로웠던 용병대장의 갑작스런 졸도에 망연자실하여 숨을 죽였다. 하지만 다음 순간 "로마에는 금이 있다! 금이다! 로마다!"라고 외치면서 병사들은 프룬츠베르크를 그대로 둔 채 스페인 용병과 앞다투듯 곧장 로마로 질주했다.

로마의 약탈(Sacco di Roma)

1527년 5월 6일 아침, 란츠크네흐트 부대와 스페인 용병부대와 이탈리아 용병부대 총 2만 명의 군대가 로마 성벽 앞에 섰다. 첫번째 공격에서 황제군 총사령관이던 부르봉 공작이 날아오는 탄환을 맞고 전사했다. 그러지 않아도 미쳐 날뛰는 황제군은 지휘자가 없어지자 완전히 통제력을 잃었다. 2만 명의 공격군은 순식간에 약탈군으로 변했다. 약탈은 보통 사흘 동안으로 제한되었지만 황제군은 피비린내를 맡으며 8일 동안이나 '살인과 파괴의 향연'에 정신없이 취했다.

이 사건이 바로 "한 도시의 파괴가 아니라 한 문명의 파괴이다"라고 에라스무스(Desiderius Erasmus)가 말한 악명 높은 '로마의 약탈(사코 디 로마, Sacco di Roma)'이다.

남미까지 사악한 전쟁을 수출하다

'로마 원정 이익 1만5천 굴덴.'

용병대장 세바스찬 세르톨린은 자신의 수입 장부에 이렇게 적어 넣었다. 여기서 로마 원정이란 '로마 약탈'을 말한다. 튀빙겐 대학에서 마기스타(문과) 학위를 딴 이탈리아 용병대장 세르톨린은 '용병대장도 교묘하고 비양심적으로 약삭빠르게 굴면 큰 재산을 만들어 부자가 될 수 있다'는 것을 몸소 보여준 전형적인 전쟁기업가였다.

그는 프룬츠베르크 휘하에서 수업을 받았지만 이윽고 스승을 능가하는 용병대장이 되었다. 프룬츠베르크처럼 고용주에게 성실을 다하며 얽매이지도 않았다. 황제 가인 합스부르크가의 용병대장도 되었고 이 왕가의 숙적인 프랑스 왕의 용병대장 노릇도 했다. '한 문명의 파괴'인 사코 디 로마도 그와 같은 전쟁기업가에게는 다시없는 돈벌이 장소였다. 이것이 용병대장들의 일반적인 태도였고 오히려 프룬츠베르크가 특이한 경우라 할 수 있다.

란츠크네흐트 부대의 육성자 막시밀리안 1세가 바랐던 황제 가에 대한 충성심은 용병대장과 병사들에게는 휴지조각이나 마찬가지였다. 프랑스 왕가의 용병이 되는 것을 금지하는 칙서도 그야말로 휴지가 되어버렸다. 충성스럽지 못한 란츠크네흐트 병사들을 엄격하게 단속하고 잇달아 목을 쳐버리면 정작 곤란한 것은 그들을 이용해 유럽의 패권을 쥐려는 합스부르크가 당사자였다.

이렇게 해서 란츠크네흐트는 여러 지역에 등장하게 되고, 프랑

라스 카사스
스페인의 성직자이자 역사가. 1510년 주교로 임명되어 아메리카 대륙에 건너간 최초의 선교사로, 인디오를 위해 베네수엘라에 이상적인 식민지를 건설하고자 노력했다.

스는 남미로까지 사악한 전쟁을 수출했다. 라틴 아메리카를 정복한 코르테스(Hernan Cortez, 1485~1547)와 피사로(Francisco Pizarro, 1475~1541) 같은 '정복자'의 잔악한 행위는 **라스 카사스**(Bartolome de Las Casas, 1474~1566)의 《인디언 파괴에 관한 간결한 보고서》에 자세히 적혀 있다. 19세기에 이르러 스페인 보수주의자들은 라스 카사스를 스페인 사람들의 잔학성을 날조한 '검은 전설'의 창시자라고 비난하지만, 정복자들이 한 짓은 결코 퇴색되지 않았다. 그러나 그처럼 악명 높은 스페인 정복자보다도 한층 더 잔학한 행위를 한 것이 란츠크네흐트 부대의 남미 원정이었다.

1526년 신성로마제국 황제 카를 5세(재위 1519~1556)는 푸거(Fugger) 가문 못지않은 부자였던 아우크스부르크의 금융업자 벨저(Welser) 가문으로부터 막대한 돈을 빌린 대가로, 남미 베네수엘라의 전면적인 통치권과 사법권을 넘겨주었다. 벨저가는 곧바로 용병대장 니콜라우스 페더만과 용병계약을 맺고 란츠크네흐트 부대를 베네수엘라로 파견했다.

이 란츠크네흐트 부대는 군대와는 거리가 먼 완전히 불한당 집단이었다. 자신의 고국인 스페인 사람들의 극악무도한 만행을 기억하고 있던 라스 카사스는 스페인 사람들보다 더 흉악한 란츠크네흐트라는 짐승을 목격하게 된다. "독일인들은 지금까지 말한 무법자와는 비교도 안 될 만큼 잔혹했고, 또한 잔인하기 그지없는 호랑이와 이리와 사자를 능가할 만큼 무도하고 흉포하게 그 지방을 침략했다"라고 라스 카사스는 적고 있다.

그런데 계속해서 침략을 하는 동안, 결국은 베네수엘라에 '황금도시(엘도라도)'가 존재하지 않는다는 사실을 깨달은 벨저 가문은 괜히 비용만 많이 드는 베네수엘라 경영에서 손을 떼었고, 이곳은 다시 스페인 왕가로 넘어가게 되었다. 결국 남아메리카에 남은 것은 란츠크네흐트 부대의 악명뿐이었다.

란츠크네흐트의 악명

앞에서 소개한 떠돌이 장님 가수 예르크 그라프의 가곡은 란츠크네흐트를 '황제 아래 한 기사단이 나타나…'라고 노래하고 있다. 그것은 마치 란츠크네흐트가 중세의 **기사수도회**의 후예인 것처럼 말하고 있는 것이다.

그밖에도 란츠크네흐트를 기사수도회에 비유하는 노래가 많이 있는데, 자신들은 '자유로운 용사가 되어, 귀족의 풍습을 따르고, 어려운 일을 말끔히 처리한다'는 것이다.

기사수도회는 한마디로 수도회와 기사 신분의 역할을 하나로 묶은 단체를 말한다. 유럽 전역이 한창 십자군원정으로 열광할 때 잇따라 창설되었는데, 성요한 기사단, 템플기사단, 독일기사단이

> **기사수도회**
> 십자군 전쟁을 위해 창설된 중세 유럽의 수도회(修道會). 1118년 템플기사단을 시작으로 1120년 요하네스(요한)기사단, 1143년 독일기사단이 잇달아 설립되었는데 이들이 3대 종교기사단이다. 계율을 중요시하고 기사 계급 이상의 신분으로 구성되었다.

제7장 **끝없이 이어지는 사악한 전쟁** 127

대표적인 3대 기사단이다. 이러한 기사단의 후예임을 내세우며 란츠크네흐트는 자신들은 신이 만드신 세 가지 신분 '기도하는 사람, 싸우는 사람, 경작하는 사람' 중 '싸우는 사람'이 된 것이라고 스스로 믿었다.

용병부대와 수도회 사이에 별다른 모순은 없었다. 왜냐하면 가령 11세기 말 프랑스에서 설립된 시트 수도회는 돈을 받고 고용된 화려한 의상을 입은 용병들이 그 말석에 이름을 올려놓았기 때문이다.

란츠크네흐트는 자신들을 '자유로운 전사' '용감한 전사'라고 즐겨 불렀다. '용감한'은 당시의 독일어로 '프롬'이라고 했는데, 이는 현대 독일어의 '프롬(fromm)'에 해당하고 '경건한'이라는 의미를 갖는다. 어느 용병대장의 갑옷과 투구에 란츠크네흐트 용병 하나가 십자가 앞에 무릎을 꿇고 간절하게 기도하는 모습이 새겨져 있는 것도 란츠크네흐트의 정체성 찾기의 표현이었다.

그러나 남미 베네수엘라 이야기를 꺼낼 것도 없이 '로마의 약탈(사코 디 로마)'에서 란츠크네흐트에 대한 세상의 평가는 이미 내려졌다.

란츠크네흐트의 고향, 독일 남서부 슈바벤 지방에서 태어난 16세기 신비주의자 세바스찬 프랑크(Sebastian Franck)는 다음과 같이 란츠크네흐트를 혹독하게 비난했다.

악마가 돈과 관련된 솔깃한 정보를 주겠다고 했더니, 죽음을 두려워하지 않는 란츠크네흐트들이 그야말로 우르르 몰려들었다. 그들은 자신들을 가리켜 용감한 병사라고 하지만, 아무도 그들을 그렇게 부르지 않으니 그들 스스로 말하는 것일 뿐이다. 그들 자신이 말하는 용감한 임무를 완수했다는 것은 욕설을 내뱉고, 목 졸라 죽이고, 강탈하고, 약탈하고, 남을 속여 갈취한 것을 의미한다. 그들은 살인과 파렴치한 짓을 아무렇지도 않게 해치운다. 처녀를 능욕하고 부상당한 사람을 습격한다. 카드와 주사위 도박에 몰두하고, 술에 절어 있고, 매춘부를 사고, 신을 모독하는 말을 함부로 떠들어댄다.

그들의 신은 돈이다. 그들은 진정한 신을 섬기기보다는 악마와 손을 잡고 돈벌이에 광분한다. 복음서 대신 장창을 건네주고 평화 대신 모창(矛槍)을 원하는 것이 그들의 장사이자 단체이자 나날의 양식이다. 어찌 할 도리 없는 무지와 빈곤과 태만과 자포자기와 만용을 싣고 그들은 란츠크네흐트 수도회의 문을 두드린 것이다…….

당시 연금술사이자 유명한 지식인 파라켈수스(Paracelsus, 1493~1541. 스위스의 의학자, 화학자) 또한 "란츠크네흐트 수도회는 투르크를 해치우기 위해 있는 것이다. 하지만 이 수도회에는 악덕이 만연되어 있다. 교단이란 신앙심이 없는 자를 신앙으로 이끌기 위해 존재하는 것인데 란츠크네흐트 수도회는 단지 살인 집단에 불과하다" 라고 가차없이 비판했다.

이처럼 란츠크네흐트는 도처에서 두려워하고 경멸하는 존재가 되었다. 그 악명은 '사코 디 로마'에서 절정에 달했다. 이때부터 란츠크네흐트는 붕괴의 첫걸음을 걷기 시작한 것이다.

용병의 수요가 폭발적으로 늘어난 16세기 유럽

그러나 란츠크네흐트의 붕괴 조짐이 보였던 것은 그들의 잔혹하고 악랄한 행위가 세상에 알려졌기 때문만은 아니다. 오히려 사람들은 무서워하면서도 그들 얘기를 퍼뜨렸고 그럴수록 란츠크네흐트에 대한 수요는 높아져만 갔다. 당시 유럽의 용병시장은 완전히 매주시장(賣主市場, 수요가 공급보다 많아 파는 사람이 유리한 시장)이 되었다. 재개된 '이탈리아 전쟁' 말고도 도처에서 전쟁이 일어났다.

독일에서는 슈말칼덴 전쟁(1546)이 일어났다. 이는 일종의 종교 전쟁이었고 독일 내전이었다. 즉 프로테스탄트(Protestant) 제후들이 슈말칼덴 동맹을 맺고 황제 가인 합스부르크가를 중심으로 한 가톨릭 세력에 싸움을 건 것이다.

프랑스 또한 1562년부터 신구교 갈등으로 일어난 위그노 전쟁(1562~1598)이 30년 넘도록 이어졌다. 영국은 위그노(칼뱅파)를, 스페인은 가톨릭을 각자 지원하면서 프랑스 내정에 간섭했다. 스페인은 스페인대로 한층 장대한 종교전쟁을 치렀다. 하지만 스페인 내란은 아니었다.

페스트, 늑대, 투르크.

이것이 16세기 유럽을 가장 두려움에 떨게 했던 세 가지 키워드였다. 특히 오스만 투르크는 쉴레이만(Suleyman, 재위 1520~1566) 대제 치하에서 절정기를 맞이했는데, 그 권위 앞에서 유럽은 그야말로 '아시아 대륙에 붙어 있는 보잘 것 없는 반도'로 전락한 것이나 마찬가지였다.

투르크는 육지건 바다건 가리지 않고 유럽을 집어삼키려고 했다. 아니, 바다는 이미 투르크 것이었다. 1538년 9월 오스만의 무적 해군은 신성로마제국 황제 카를 5세와 로마 교황이 해운국 베네치아의 간청을 받아들여 파견한 그리스도교 연합함대를 그리스 서안 프레베자(Preveza) 만에서 손쉽게 격파하고 지중해를 장악했다.

카를 5세의 뒤를 이어서 스페인 왕이 된 펠리페 2세(재위 1566~1598)는 오스만 투르크에게 종교전쟁을 도발했다. 스페인을 맹주로 하여 로마 교황, 베네치아, 제노바, 사보이, 나폴리 등 프랑스를 제외한 남유럽 연합함대가 무적 오스만 투르크 해군과 격돌한 것이다. 갤리선을 갖고 싸운 역사상 최대의 해전이었던 **레판토 (Lepanto) 해전**이다.

당시의 해전은 갤리선끼리 서로 접근해 배를 맞대자마자 전투원이 상대 배에 올라가 싸웠는데 그런 점에서 본질적으로 육상전과 다름없었다. 그래서 란츠크네흐트를 대규모로 고용하는 것이다. 어쨌든 십자가(기독교 세계)는 반달(이슬람 세계)에게 처음이라고 해도 좋을 만큼 대승리를 거두었다.

그밖에도 수없이 많은 전투가 있었다. 란츠크네흐트는 앉을 새도 없이 온갖 전장에서 싸웠다. 그렇다면 어디서부터 란츠크네흐트의 붕괴 조짐이 보였던 것일까?

봉건 군사제도 바깥에 있던 용병부대의 발호는 봉건 정규군인

▪▪▪
레판토 해전
1571년 10월 7일 신성동맹 함대가 투르크 함대를 격파한 해전. 지중해를 장악하던 투르크가 베네치아령 키프로스섬을 공격해오자 베네치아는 로마 교황, 스페인과 동맹을 이끌었다. 교황 비오 5세는 연합함대로 하여금 코린트만 레판토 앞바다에서 투르크 함대에게 큰 승리를 거두었다. 전투는 갤리선이 바다를 메운 채 육탄전으로 벌어졌는데 투르크 함대의 노를 젓던 기독교도 노예 1만5천명을 해방시킨 위대한 해전으로 기록된다.

기사의 군사적 가치를 급락시켰다. 그리고 기사계급 대부분을 차지하는 중소 귀족은 그 자신이 중소 영주이자 한편으로는 군주와 영민 사이에 위치한 중간 권력자였다. 전쟁의 양상이 대규모 보병에 의한 전투대형으로 바뀌어감에 따라 이들 중간 권력자는 서서히 군사권을 잃어갔다. 이렇게 해서 중소 귀족은 정치적, 경제적으로 몰락해간 것이다.

그들의 몰락은 대귀족까지 휩쓸리게 했다. 군주는 봉건 귀족들의 군사력을 동원하는 대신 용병부대를 이용해 서서히 국가권력 장악에 나서기 시작했다.

그리고 군주들은 '한 문명의 파괴'도 서슴없이 해치우는 란츠크네흐트 부대의 흉포한 에너지를 잘만 이용하면, 자신들이 국가를 독점하는 데 필요한 엔진이 되어줄 수 있다는 사실을 잘 알게 되었다.

그런데 란츠크네흐트는 비교적 상당히 민주적인 군대였다. 그들 자신들의 정체성의 근간을 이루고 있는 것은 '자유 전사(戰士)'이다. 병사들은 부득이한 사정으로 용병 일에 뛰어들었지만, 란츠크네흐트 부대에 투신할지 어떨지의 여부는 기본적으로 병사들 자신의 의지로 결정했다. 이것이 병사들이 공동 결정권을 갖게 된 근본 원인이다. 군대 역사상 보기 드문 란츠크네흐트 부대의 민주제가 용병대장을 비롯한 군 당국의 갖가지 규제로 인해 이름뿐인 제도에 불과했다고 해도, 그 제도를 존속시킬 수 있는 에너지가 병사들에게는 있었다. 그러므로 그들은 군 당국의 터무니없는 명령에는 불복종한 것이다.

이러한 '자유 전사'를 어떻게든 '충성스럽고 용감한 전사'로 만들 수는 없을까. 대규모 보병에 의한 전투 형태가 성공하려면 훈련과 규율이 불가피하다. 평상시의 훈련과 규율을 통해서 병사들에게 최고사령관인 군주에 대한 충성심을 심어줄 수 있지 않을까.

그러나 봉건 군사제도를 대신한 이 새로운 군사력인 란츠크네흐트 부대에게 충성심을 요구하려면 무엇보다도 돈이 필요했다. 병사들에게 급료를 미루지 않고 제때 지급해야 한다. 전쟁 때뿐만 아니라 평상시에도 급료를 지급해 군주 자신의 군대로 묶어두는 것이었다. 그러려면 그에 상응하는 재력이 있어야 한다. 그런 점에서 란츠크네흐트 부대의 육성자 막시밀리안 1세와 그 후계자 카를 5세조차 급료 지불을 미뤄서 문제가 될 정도였다. 합스부르크가만큼 란츠크네흐트에게 급료를 지급하지 않은 고용주는 없었다.

정착사회에서 살 길이 막막해 그야말로 먹고살기 위해 란츠크네흐트 부대에 투신한 사람들이라 제아무리 황제의 권위를 내세운들 전혀 배도 부르지 않는 충성을 위해 자진해서 목숨을 걸 수는 없는 노릇이었다.

황제 가인 합스부르크가가 그럴 정도니 당시 유럽을 살펴보건대, 자국의 군대를 비(非)상비군인 용병부대에서 전시와 평시를 막론하고 병사들에게 급료를 지불하는 상비군 같은 용병부대로 전환시킬 수 있을 만큼 재정적인 뒷받침을 가진 나라는 당시 유럽 어디에도 없었다. 군주의 국가 독점이 거기까지 이루어지려면 제9장에서 자세히 서술할 독일 30년전쟁이라는 미증유의 국제전쟁을 겪어야만 한다.

하지만 그 30년전쟁의 서곡으로 당시 유럽 최고의 부유국이었던 스페인령 네덜란드에서 란츠크네흐트 제도의 근간을 뒤흔드는 군제개혁이 이루어진다.

제8장
란츠크네흐트 붕괴의 시작

네덜란드의 군제개혁을 한 마우리츠 오라녜

스페인 제국의 생명줄

장창부대의 사다리형 편성이라는 스위스식 전술이 확실히 시대에 뒤떨어진 낡은 방식이 됐을 무렵, 군제개혁은 네덜란드에서 시작되었다. 그것은 그야말로 "돈 없는 곳엔 스위스 병사도 없다"는 말로 상징되던 용병부대의 본질을 뿌리에서부터 뒤집는 것이었다.

그런데 네덜란드는 합스부르크의 영지였다. 합스부르크가는 순식간에 세계 제국을 구축한 카를 5세의 사후, 동생인 페르디난트 1세(Ferdinand I, 재위 1556~1564)가 신성로마제국 황제 자리를 상속하고 아들인 펠리페 2세가 스페인 왕을 계승했다. 이렇게 해서 합스부르크가는 오스트리아, 헝가리, 보헤미아(지금의 체코)를 거느리는 오스트리아 합스부르크가와 스페인, 남미 대륙, 네덜란드를 다스리는 스페인 합스부르크가로 분리되었다.

스페인령 네덜란드는 스페인에게는 요술 방망이와 같은 존재였다. 네덜란드 17주는 면적으로 보면 이탈리아의 5분의 1에 불과했지만, 350개의 도시가 번영의 절정을 이루고 있었다. 세계 무역의 본거지라고 일컬어진 네덜란드에서 거둬들이는 세금 수입은 남미 대륙에서 본국 스페인으로 운송되는 금은의 총액을 웃돌았다. 금은 광맥은 언젠가 고갈되겠지만 네덜란드라는 금맥은 마를 리가 없었다.

스페인은 남미의 금은과 네덜란드에서 들어오는 세금 수입에 지나치게 의존한 나머지, 자국 산업의 육성을 게을리하고 오로지 소비 위주의 길을 내달렸다. 게다가 스페인은 유명한 가톨릭 광신 국가였다.

해가 지지 않는 제국 스페인을 통치하는 펠리페 2세는 가톨릭에 의한 세계 통일이라는 꿈에 홀려, 프랑스 국왕의 어머니 카트린 드 메디시스(Catherine de Medicis)가 2만여 명의 신교도(위그노)를 학살한 '성 바르톨로뮤의 학살(1572)'에 관한 보고를 받자 쾌재를 부르며 당장 기념화폐를 발행하고 신에 대한 찬미를 하면서, 역사상 유례없는 대량 학살을 축복했던 인물이다.

그런 까닭에 스페인에서의 신교도 탄압은 극에 달했다. 펠리페 2세는 농업을 장려하면서도 농업과 토목에 뛰어난 무어인을 탄압했고, 게다가 무적함대 건조를 위해 나무를 수없이 베어내, 스페인의 삼림은 사라지고 토지는 황폐해졌다. 또한 유태인을 추방한 덕분에 금융 시스템이 파괴되어 남미에서 들어오는 금은은 모두 국제 금융업자의 손에 넘어갔다.

그리고 펠리페 2세 시대로부터 훨씬 뒤인 17세기에 이런 일화가 있다.

펠리페 4세(재위 1621~1665) 때, 스페인 중부를 흐르는 타호 강과 만사나레스 강을 운하로 연결한다는 계획이 세워졌다. 스페인 정부는 이 사업의 시행 여부를 신학자들의 협의회에 맡겼다. 그러자 협의회는 교묘하게 말했다. "만일 신이 이 강들을 운행 가능하게 할 의도를 가지고 계신다면, 신은 강들을 그렇게 만드셨을 것이다"라고.

17세기가 되어도 스페인에서는 이러한 신권 정치가 통하고 있었다. 당연히 민심을 살피는 담당관은 완전히 무기력했다. 이 모든 것의 원인을 따지자면 펠리페 2세의 가톨릭 맹신 정치가 그 원인이었다.

아무튼 이런 식으로 정치와 경제가 모두 가톨릭에 예속되었기 때문에 스페인 경제는 당연히 파탄이 났다. 펠리페 2세가 세 차례나 직접 파산선고를 해야만 했을 정도였다. 이렇게 되자 스페인의 생명줄이라고 할 수 있는 것이 바로 네덜란드였다.

네덜란드 독립전쟁

일본 에도시대의 사농공상에 의한 신분차별만큼은 아니더라도 중세 기독교 사회에서도 상인은 그 경제적·사회적 영향력에 비해 정신적으로 낮은 지위에 만족해 있었다. 신에게 부여받은 현재의 직업에 힘쓰는 것이 신을 섬기는 일이라는 복음을 상인들에게 설파한 것이 칼뱅(Calvin)파였다. 이 종파가 훗날 자본주의 발흥의 정신적 지주가 된 경위는 막스 베버(Max Weber, 1864~1920)가 말한 대로이다. 즉, 베버는 서방과 동방 문화가 각각 발전하는 여러 원인 가운데 한 요소가 종교였으며, 칼뱅의 금욕주의가 자본주의 발전에 지대한 영향을 끼쳤음을 강조했다.

루터가 현세의 주권을 신의 섭리로 보고 이에 반항하는 것은 신을 모독하는 행위라며 영방군주의 농민전쟁 진압을 지지한 것과는 달리, 칼뱅은 신의 영광을 위해서는 현세 주권에 대해서도 자신의 신념을 관철해야 한다는 저항의 논리를 펼쳤다.

상업이 번성했던 네덜란드는 당연히 칼뱅파 쪽으로 기울었다. 그러자 종주국 스페인은 철저한 종교탄압으로 대응했다. 우선 네덜란드 각주에 종교재판소를 설치했다. 이는 프리드리히 실러 (1759~1805, 독일의 시인·극작가)의 말처럼 '맹목적 신앙으로 이성을 퇴화시켜 생기 없는 획일화로 정신의 자유를 죽이는 것'을 목적으로 하는 제도이자 동시에 부의 수탈 도구가 되었다. 이단 탄압에 걸린 시민의 재산은 모조리 국가에 몰수된 것이다.

그리고 펠리페 2세는 탄압의 마무리로 알바 공을 네덜란드 총독으로 보냈다. 알바 공은 '유혈 참사회'를 설립해 1만8천여 명을 처형했다. 또한 알바 공은 가혹한 중과세 정책을 펼쳤는데 동산, 부동산을 막론하고 1퍼센트의 재산세, 토지 명의변경에는 5퍼센트의 인지세, 모든 상품에 10퍼센트의 소비세 등등이다.

알바 공의 새로운 세금 제도가 너무도 가혹하여 네덜란드 경제는 크게 타격을 받았다.

1568년 네덜란드 17개 주 중에서 특히 자유도시가 많이 모여 있는 북부 7개 주는 "로마 교황보다 차라리 투르크가 낫다"며 급기야 반란의 깃발을 들게 된다.

가톨릭 스페인보다 차라리 이슬람 투르크가 낫다는 표현에는 네덜란드 시민의 솔직한 감정이 드러나 있었다. 거기에는 가톨릭을 신봉하는 프랑스의 역대 왕이 '적의 적은 아군'이라는 논리로 숙적 가톨릭 합스부르크가의 적인 이슬람교 오스만 투르크와 실제로 손을 잡은 정치적 술책이나, 또는 '투르크는 프로테스탄트(신교도)의 아군'이라는 말이 나올 정도로 오스만 투르크와의 전쟁에 참전할 때마다 가톨릭 합스부르크가로부터 양보를 이끌어낸 독일 프로테스탄트 제후의 공리적 이해타산 같은 것은 전혀 없었다. 이는 네덜란드 북부 7주의 생존을 건 절박한 싸움이었던 것이다. 이것이 그후 80년이나 계속된 네덜란드 독립전쟁이다.

독립전쟁 초기 지도자는 13세기 말 신성로마제국 황제를 한 사람 배출했던 독일의 명문가 나사우가의 혈통을 잇는 오라녜 공 빌렘 1세(Willem Ⅰ, 과묵공, 1533~1584)와 괴테의 희곡과 베토벤의 서곡으로 후세에 이름을 남긴 에흐몬트(Lamoral Egmont, 1522~1568) 백작이었다.

그러나 전쟁은 스페인군의 군사적 우세에 압도당해 에흐몬트 백작은 알바 공에게 처형당했고, 빌렘 1세는 간신히 알바 공의 손을 빠져나와 독일로 탈주한 뒤 다시 때를 기다렸다. 1578년 드디어 그는 위트레흐트(Utrecht) 동맹을 결성해 스페인으로부터 네덜란드 북부 7개 주의 독립을 선언하고, 네덜란드 연방공화국을 탄생시켰다. 그러나 초대 총독이 된 빌렘 1세는 1584년 가톨릭 광신도에게 암살당한다.

나사우의 마우리츠
네덜란드의 군인, 정치가로 육해군 총사령관을 지냈다. 군사제도 군비개혁에 힘썼고 스페인군을 격파했고 연방공화국 보전에 기여했다. 훗날 오라녜(오렌지) 공작으로 불렸다.

물론 스페인은 이 독립선언을 인정하지 않았지만 독립전쟁은 종식될 기미가 보이지 않았다. 그때 네덜란드는 빌렘 1세의 아들 오라녜(Oranje) 공작 **마우리츠**(Maurits van Nassau, 1567~1625)를 새로운 지도자로 뽑아 스페인과의 전쟁을 이끌게 된다.

마우리츠의 네덜란드 군제개혁

마우리츠는 스페인과의 독립전쟁에서 패전한 것은 네덜란드 독립군의 군사제도에 그 원인이 있다고 판단했다. 특히 독립군이 고용한 용병은 전혀 신뢰할 수가 없어서 압도적으로 우세한 스페인군에게 겁을 집어먹고 적 앞에서 도망치는 자가 속출했다. 그래서 마우리츠는 동생 프레드릭 헨드릭, 사촌인 지겐(Siegen) 후작 요한과 협력하여 군제개혁에 착수했다. 지겐 후작 요한은 독일 지겐에 유럽 최초의 육군사관학교를 설립한 인물이다.

개혁은 우선 병사들에게 급료를 제때 지급하는 것부터 시작됐다. 이로써 병사들이 사령관에게 반항할 여지를 애초에 잘라버린 것이다. 그럼으로써 엄격한 훈련과 엄격한 군율을 네덜란드 군대의 핵심으로 삼을 수 있었다.

다음은 베네치아 공화국의 네덜란드 주재 대사가 본국의 총독에게 보낸 보고서의 한 구절이다.

이곳에는 평상시에도 3만 명의 보병과 2천6백 명의 기병이 상비되어 있고, 대포의 집적소(集積所)도 확보되어 있습니다. 더욱 놀라운 점은 병사들에게 급료를 정확히 지급하고 있고, 이것이 병사들의 기강 확립에 도움에 되고 있다는 겁니다. 시민들은 자신들의 집이 병사들의 숙소가 되는 것을 꺼려하지 않습니다. 아니 오히려 시민들은 자신의 아내와 딸을 병사와 함께 놔둔 채 집을 비우는 일도 주저하지 않을 정도입니다.

베네치아 대사가 놀란 것처럼 이렇게 기강이 바로선 군대는 유럽 어디에도 없었다. 이는 마우리츠의 군제개혁이 성공해 병사들의 윤리관이 현저하게 향상됐다는 증거였다.

예를 들어 전투에 필요한 토목작업에 임하는 자세에 있어서도 네덜란드군 병사들은 다른 용병부대와 달랐다.

당시 공병은 천시받던 병과였다. 란츠크네흐트 부대원은 "그런 일은 우리 자유전사가 할 일이 아니다"라며 참호 파는 일은 거들떠보려고도 하지 않았다. 공병은 란츠크네흐트 부대원으로 인정받지 못했고, 공병대의 깃발은 비단이 아니라 아마포였으며, 마크도 자수로 새긴 것이 아니라 천에 직접 그린 조잡한 것이었다. 공병대를 모집할 때는 보통 란츠크네흐트 부대원을 모집할 때처럼 악기를 연주하는 것이 금지되어 있어 조용히 행해졌다. 이러한 상황은 스위스 용병부대와 스페인 용병부대도 마찬가지였다. 하지만 네덜란드군 병사들은 직접 야전삽을 손에 들고 뛰어들었다. 그리고 스페인군은 결국 참호를 활용한 마우리츠의 전술에 고전을 면치 못했다.

또한 마우리츠는 스위스식 밀집방진의 진형을 깨고 그 대신 다수의 종렬(縱列)로 편성하는 획기적인 전법을 만들어냈다. 일반적으로 방진 전법은 1중대 4백~6백 명의 보병을 필요로 하지만, 이 진형에서는 백 명 정도로 충분했다. 남은 보병으로는 화승총을 소지한 '소전투대'를 편성해 본대의 창보병과 나란히 배치했다.

이 종렬 전법은 마우리츠의 독창적인 생각이 아니었다. 동로마제국 황제 레오 3세(재위 717~741)의 전술에서 따온 것으로, 레오 3세의 전술을 기록한 책이 당시 이탈리어와 프랑스어로 번역되어 있어 마우리츠는 그것을 연구했다. 또한 네덜란드에 신설된 라이덴 대학에 초빙된 리프시우스의 저작도 꼼꼼히 살펴보았는데, 리프시우스는 고대로마의 전술을 적용할 것을 주장한 당대 최고의 문헌학자였다. 즉 마우리츠의 전술은 고대로마에서 모범을 찾은 군사 기술의 르네상스였던 것이다.

그리고 마우리츠는 장교 계급의 역할을 쇄신했다. 란츠크네흐트 부대 연대장은 전장까지는 말을 타고 가더라도 일단 전투가 시작되면 말에서 내려 병사들과 함께 싸웠다. 그런 의미에서 그는 지휘관이 아니라 제1선 병사와 다를 바 없었다.

그러나 마우리츠는 중대의 명령 계통은 명확히 했다. 중대장이 지휘관이 되는 것이다. 이를 위해 지휘관의 명령이 정확히 전달되는 데 필요한 최소한의 명령어, 호령어가 새로이 정해졌다. 그리고 란츠크네흐트 중대의 약 4분의 1밖에 안되는 인원으로 이루어진 네덜란드군 중대에서는 명령과 호령이 제대로 전달되도록 엄격한 침묵이 요구되었다.

이렇게 해서 네덜란드군은 완벽히 정비되어갔다. 란츠크네흐트 부대와 스위스 용병부대가 1천 명의 병사를 배치하는데 1시간 걸렸다면, 네덜란드군은 그 2배나 되는 병사를 단 20분 만에 진영을 갖추게 했다.

란츠크네흐트는 자신들을 기사수도회의 후예라고 자처했는데, 그 이유는 일대일 승부를 제일로 치는 기사의 '아름다운 전투'를 동경하고 있었기 때문이다. 말하자면 란츠크네흐트는 '자유 전사'였다. 그러므로 란츠크네흐트 부대는 지휘관에 대한 항변권을 보장하는 병사 집회를 두고 있었다. 그런데 이러한 란츠크네흐트의 전투 미학의 잔재는 조직적인 전투를 방해하는 요소였다. 란츠크네흐트 대원들은 방진을 짜면서 그 진형을 최대한 효율적으로 살리는 수많은 톱니바퀴의 하나가 될 수 없었던 것이다.

이에 반해 네덜란드군 병사는 '나'라는 의식을 최대한 억제하고, 공병이든 창보병이든 화승총이든 역시 칼뱅파답게 지금 현재 자신에게 주어진 병사로서의 임무에 충실했다. 그리고 이것을 가능하게 한 것이 확실한 급료 지급과 군사훈련, 그리고 군율의 엄격한 적용이었다. 그러므로 네덜란드 독립군은 종주국인 스페인 군대에 조금도 밀리지 않았다.

테르시오 1534년~1704년에 걸쳐 스페인이 채용한 군사편성, 전투대형을 말한다. 창병과 총병을 조합해 하나의 거대한 방진을 조직한다. 스페인 방진이라고도 하며 17세기 초까지 유럽 각국에서 왕성하게 모방하였다.

스페인군이 자랑하는 진형은 1534년에 스페인 대장군 코르도바가 고안한 **테르시오**(Tercios)라는 진형이었다. 그것은 스위스식 밀집방진을 몇 배 두텁게 한 것으로 화승총병과 창병으로 이루어진 1중대 250명, 12중대 총 3천 명으로 이루어진 부대였다. 이를테면 창병이 가로 1백 열, 세로 15열을 이루고 그 사방을 화승총이 에워싸고 또 네 구석에 화승총병 밀집부대를 배치하여 적이 깜짝 놀랄 정도로 장관을 이루었다. 이는 그야말로 '움직이는 요새'였다. 창병은 앞쪽으로 창을 겨누고만 있으면 됐는데, 즉 방어만큼은 철벽이었다는 얘기다. 그러나 테르시오는 공격 기동성이 떨어진다는 치명적인 결함을 갖고 있었다. 예를 들면 부대의 방향 전환이 지극히 어려웠다. 그리고 뒤쪽 열에 있는 병사는 아무래도 한가할 수밖에 없었다. 즉 이 '움직이는 요새'는 겉보기에는 난공불락 같지만 실제로는 곳곳에 허술함투성이였던 것이다.

방진만 두텁게 한 이러한 진형을 유지하기 위해서는 꾸준한 군사훈련은 필요하지 않았다. 기병이 전투하던 시대의 기사는 군사전문가였다. 그런데 대규모 보병전에서는 무기조차 다룰 줄 모르는 도시 근로자나 농촌 소작인들이 용병이 되어 부대의 중심을 이루었다. 병사들은 말하자면 아마추어라고 할 수 있다. 그것은 스위스 용병부대든, 스페인 용병부대든, 스코틀랜드 용병부대든, 란츠크네흐트 부대든 마찬가지였다.

더구나 용병은 기본적으로는 계약기간 중에만 병사일 뿐 평상시에는 실업자였다. 그러니 군사훈련 따위가 있을 리 없었다. 그러므로 용병부대는 개인적인 전투력 집단이고 좀더 나쁘게 말하면 오합지졸에 불과했다. 그러한 용병부대 병사들은 막상 전투가 시작되면 공포에 휩싸여 단지 창을 마구잡이로 찌를 뿐이었다. 이러한 아마추어 집단들의 싸움에서는 대단한 훈련을 필요로 하지 않는 테르시오 진형이 이상적이었는지도 모른다.

보병·기병·포병의 확립

마우리츠의 군제개혁이 목표로 한 것은 당시의 보병전과는 다른, 프로 보병들에 의한 전투로 완전히 바꾸는 것이다. 말하자면 지휘관의 명령에 일사불란하고 신속하게 행동하는 전투 집단의 형성이었다. 이를 위해 끊임없는 군사훈련과 엄격한 군율, 급료를 지속적으로 지급해준 것이다. 이렇게 해서 네덜란드군 보병은 프로페셔널 보병부대가 되어갔다.

기병도 여전히 존재했지만 네덜란드군 기병은 결코 기사가 아니었다. 단지 말을 탄 병사였을 뿐이다. 중장비 갑옷을 벗고 기사의 창을 버리는 대신 검과 소총을 무기로 삼아, 오로지 대규모 전투 집단의 톱니바퀴 역할을 하는 병사였다.

　마우리츠는 포병대 개혁에도 착수했다. 당시 포병은 공병과 마찬가지로 보병에게 차별 대우를 받고 있었는데, 란츠크네흐트 중에는 포병을 '악마의 부하'라고 부르는 자도 있을 정도였다. 란츠크네흐트가 볼 때 포병들은 어딘지 수상쩍어 보였는데, 이는 포병대가 특수한 폐쇄 집단을 형성하고 있었기 때문이다.

　당시 포술은 특수한 기술이었다. 어제까지 괭이와 쟁기를 들고 밭을 갈던 사람이 장창을 손에 잡자마자 어엿한 란츠크네흐트의 일원이 되는 것과는 근본적으로 달랐다. 포병이 되려면 고도의 전문지식과 수업이 필요했다. 포병대는 전문가 집단이자 비밀결사 같은 성격을 가진 일종의 춘프트(Zunft, 동업조합)를 결성하고 있었다. 당연히 포술을 외부로 유출해서는 안 되고 춘프트 내에서 우두머리, 직인, 도제라는 엄격한 도제제도로만 전해졌다. 포병대는 1388년 화약을 발명했다는 이유로 처형당했다는 전설적인 프란시스코회 수도사 베르토르트 슈발츠를 자신들의 춘프트 시조로 받들며, 자신들의 포술을 비밀로 감추고 있었다. 더구나 포병대에게는 약탈 우선권과 특별수당, 란츠크네흐트 부대의 헌병도 손을 대지 못하는 독자적인 재판권 같은 여러 가지 특권이 있었다. 란츠크네흐트로서는 포병대의 이러한 특권들이 못마땅했다.

　제국도시 뉘른베르크 시는 14세기 말, 무게가 4천3백 킬로그램이나 되고 275킬로그램의 탄환을 발사하는 캐논 포를 가지고 있었는데 이를 수송하려면 12마리의 말이 필요했다. 이처럼 대포의 최대 결점은 그 중량과 포병대의 극단적인 폐쇄성에 있었다.

그런데 15세기 중반, 한 독일 포술사가 금지를 어기고 화약제조와 대포 단조, 장진, 조준, 발포기술에 대해 적은 《화기독본(火器讀本)》이 16세기에 인쇄되어 세상에 나오게 되었다.

마우리츠는 대포의 경량화와 포병대의 특수하고 폐쇄적인 성격을 바꿔서 보병, 기병, 포병 이렇게 3개 병과를 조합하여, 보다 상승효과를 낼 수 있는 효율적인 군대를 만들려고 한 것이다.

네덜란드의 약진

이러한 마우리츠의 성공적인 군제개혁으로 네덜란드 공화국(네덜란드 북부 7주)은 스페인과의 전쟁에서 연전연승을 거두며 스페인령 네덜란드(남부)까지 침공했다.

게다가 1585년 이후 영국의 엘리자베스 1세(재위 1558~1603) 여왕은 공공연하게 네덜란드 북부 7주를 지원했다. 이를 제지하기 위해 스페인 왕 펠리페 2세는 1588년, 2만4천 명의 병사를 거느린 무적함대(Armada) 131척을 영국으로 출진시켰다. 그리고 이를 맞이해 공격한 것이 나포사선(拿捕私船, 개인의 배로 적국의 배를 나포함) 선장으로 이름을 떨쳤던 **프랜시스 드레이크**(Francis Drake, 1545~1596) 제독이었다.

프랜시스 드레이크 엘리자베스 1세 시대의 영국의 항해가, 제독. 서인도 방면에서 약탈 원정을 감행했고 해상무역을 파괴하기 위해 약탈선단을 인솔하고 태평양으로 진출했다. 카디스에 집결한 스페인 함대를 선제공격했고 영국함대 사령관으로 무적함대에 칼레 앞바다의 화선(火船) 공격으로 승리했다.

나포사선은 영국 정부가 공인한 해적선이고, 그 선장은 해상 용병부대의 연대장이라고 할 수 있다. 바다의 용병대장 드레이크는 폭풍우마저 교묘하게 이용해 스페인 무적함대를 완전히 격파했다. 스페인은 해상의 패권을 잃었고 네덜란드와 영국은 스페인과 포르투갈이 독점하고 있던 동양 항로에 쐐기를 박을 수 있었다.

스페인의 전성기와 쇠퇴기를 동시에 가져온 가톨릭 광신왕 펠리페 2세는 1598년에 생을 마감했다. 이는 마침 도요토미 가문의 멸망을 암시하면서 쓰러진 도요토미 히데요시(豊臣秀吉, 1537~1598)가 죽은 해이기도 하다. 동양 무역에 나선 신흥국 네덜란드는 도요토미 히데요시의 사망으로 사태가 위급해진 일본으로도 뱃머리를 돌렸다.

펠리페 2세와 도요토미 히데요시가 각자 화려한 생애를 마감한 그해, 로테르담 항구를 출항한 네덜란드 선박 리프데 호는 1600년, 일본 분고(豊後) 국 우스키 만(臼杵灣) 앞바다에 표류했다. 승선한 인원 중에는 나중에 도쿠가와 이에야스(德川家康)의 외교 고문이 되는 윌리엄 애덤스(일본명 미우라 안진)와 얀 요스텐이 있었다.

리프데 호 표류 사건은 훗날 네덜란드의 일본 무역 독점의 발판이 되었다. 네덜란드의 스페인으로부터의 독립전쟁이 돌고 돌아 일본 역사에도 영향을 준 것이다.

기세가 오른 네덜란드는 국책회사 **네덜란드연합 동인도회사**를 설립하고 동양 진출의 발판을 다졌다. 세계 최초의 이 주식회사는 배 3천 척을 거느린 군사 회사이기도 했다. 그리고 동인도회사가 거느린 네덜란드 군함은 서인도제도에서 스페인으로 향하는 배를 공격해 금은을 강탈했다. 스페인군은 네덜란드 남부에 주둔한 병사들에게 지급할 급료마저 부족했고 이렇게 되자 네덜란드가 스페인으로부터 완전한 독립을 이루는 것은 시간문제였다.

■■■
네덜란드 동인도회사
1602년 동양에 대한 무역과 식민지 경영, 외교절충 등을 위해 설립한 독점적 특허회사. 네덜란드 상인은 직접 동양과 거래하기 위해 1594년 암스테르담에 회사를 설립하고 첫 번째 상선을 파견했으나, 이후 여러 회사가 난립하자 1602년 이들 회사를 통합하는 네덜란드 동인도회사를 설립했다. 무역 외에도 여러 나라와의 조약체결, 경제적·군사적 국가 권력을 대행했으며, 한때 식민지 경영의 선두 격이었으나 본국의 쇠퇴와 더불어 마침내 1800년 해산되었다.

그러나 네덜란드 독립은 스페인과 네덜란드 양국간의 문제로만 끝나는 게 아니었다. 이 문제가 유럽 세력지도에 막대한 영향을 주기 때문에 스페인, 신성로마제국, 프랑스, 영국, 로마교황이 끼어들었다. 이렇게 해서 미증유의 국제전쟁인 독일 30년전쟁의 무대가 마련된 것이다.

마우리츠의 군제개혁은 네덜란드에서는 성공했을지 모른다. 이로써 고대 오리엔트 이후로 가장 기본적인 군사제도의 하나였던 용병부대는 붕괴의 길을 걸었는지 모른다. 그러나 온갖 제도의 변화가 유럽 전역에 걸쳐 동시에 진행된 것은 아니었다. 용병 군대는 여전히 유럽 각국에 있어서 군사제도의 중추 역할을 담당하고 있었다. 그리고 이제부터 펼쳐지는 독일 30년전쟁은 사상 최대의 용병이 투입된 전쟁이 된다.

마우리츠의 군제개혁이 유럽 각국에 침투해 이윽고 국민군(國民軍)이 성립되는 것은 아직 머나먼 훗날의 이야기였다.

제9장
국가권력의 앞잡이가 된 용병

군제개혁의 완성자 스웨덴 왕 구스타프 2세 아돌프

독일 30년전쟁과 절대주의 국가의 성립

참가국 수 66개국. 스위스, 포르투갈, 베네치아처럼 전쟁과 그다지 상관없던 나라들도 사절을 보내왔다. 각국 대표의 좌석 순서를 정하는 데도 반년 가량 걸렸던 이 국제회의는 4년 동안 끊어지다 이어지다를 반복하다 1648년 10월 24일이 되어서야 겨우 화평조약이 이루어졌다. 이로써 독일 30년전쟁이 종결되었다. 이른바 베스트팔렌(Westfalen) 조약(1648)의 체결이었다.

독일 **30년전쟁**(1618~1648)은 전 유럽이 휘말린 유례없는 국제전쟁이었다. 따라서 당시 유럽 국가들의 군사제도의 중추를 담당하고 있던 용병제도도 이 전쟁의 영향을 받지 않을 수 없

■■■
30년전쟁
신성로마제국이 있던 독일을 무대로 신교(프로테스탄트)와 구교(로마 가톨릭) 간에 벌어진 종교전쟁. 최후의 종교전쟁, 최초의 국제전쟁이라 불린다. 시작은 종교전쟁이었으나 점차 영토 및 통상 등 각국의 이해관계가 얽히면서 상호 적대관계와 동맹관계가 이루어지는 무력 대결로 변질되었다.

었다.

17세기 초, 유럽의 신성로마제국(독일), 영국, 프랑스, 스페인, 스웨덴, 덴마크 등의 국가들은 국왕과 또 다른 지배계층(대귀족, 고위 성직자, 도시 귀족들)과의 공동 지배, 즉 이중 권력구조에 의해 통치되었다. 국가는 이러한 '여러' 권력의 연합체였던 것이다.

그리고 30년전쟁은 결과적으로 이 '여러 권력'이라는 용어에서 '여러'를 떼어내는 결정적인 계기가 되었다. 국가의 권력을 분권적으로 지배하고 있던 중간 권력자들이 이 전쟁에서 몰락했고, 그로 인해 '여러 권력'이 '단독 권력'이 되는 왕의 국가 독점이 진행되어 절대주의 시대로 들어서게 되었다.

이때 유럽 각국은 국가로서의 정체성이 확립되었고, 이윽고 국민 국가로 변화되어가는 토양이 마련된 것이다. 그런 의미에서 30년전쟁은 종교전쟁이라는 측면은 물론이고 유럽에서 절대주의 국가를 탄생시킨 전쟁이었다.

그런데 절대주의 하에서 군대는 국왕에 대한 절대적인 충성심을 요구받는다. 즉 30년전쟁은 그때까지 충성심과 무관했던 용병부대를 절대주의 국가, 그리고 근대 국가의 군대로 재탄생시키는 계기가 되었다. 국왕, 혹은 국왕으로 상징되는 국가권력을 과시하기 위해 수많은 사람들의 목숨을 투입하는 것은 지극히 당연하다는 관념을 만들어낸 전쟁이었다.

보헤미아의 반란

30년전쟁이라고 해도 30년 동안 전쟁이 계속된 것은 아니다. 당시의 경제력을 봐도 전쟁 지속 능력은 5년이 한계였다. 30년 동안에 13번의 전투와 10번의 평화조약이 체결되었다. 그러므로 17세기의 역사가는 30년전쟁의 각각을 별도의 전쟁으로 보고 '전쟁'이라는 말을 복수형으로 표시했다.

'30년'이라는 말과 '전쟁'이라는 말의 단수형이 만나 '30년전쟁(Thirty Years' War)'이라는 합성어가 탄생한 것은 17세기 말이었다. 30년전쟁이란 1618년 보헤미아 반란에서 시작되어 1648년 베스트팔렌 조약으로 종결됐다는 분류도 이때 생겨난 것이다.

이 분류를 좀더 세분화해보면 30년전쟁은 다음과 같이 4기로 나누어볼 수 있다.

1. 보헤미아–팔츠 전쟁(1618~1623년)
2. 덴마크 전쟁(1625~1629년)
3. 스웨덴 전쟁(1630~1635년)
4. 프랑스 전쟁(1635~1648년)

이 중 적어도 제1기인 보헤미아–팔츠 전쟁은 종교전쟁의 양상을 띠고 있었다. 프로테스탄트 세력이 강한 보헤미아 의회는 합스부르크가의 보헤미아 왕 페르디난트 2세(재위 1619~1637)를 폐위했다. 예수회에서 교육받은 열성적인 가톨릭주의자인 페르디난트 2

팔츠 선제후 프리드리히 5세

세는 공교롭게도 신성로마제국 황제에 즉위하자마자 보헤미아 왕위를 박탈당한 것이다. 그리고 보헤미아의 프로테스탄트 귀족들은 새로운 보헤미아 왕으로 프로테스탄트 제후들의 군사동맹 유니온(신교도 연합)의 지도자 팔츠 선제후(選諸侯, 황제 선출권을 가진 제후) 프리드리히 5세(재위 1610~1620)를 옹립했다.

이에 대해 보헤미아와 인접한 신성로마제국의 대제후국 바이에른은 위협을 느꼈다. 바이에른 제후 막시밀리안은 유니온에 대항하는 가톨릭 제후들의 군사동맹 리그(구교도 연맹)의 지도자였다. 그리고 무엇보다도 황제 가이자 보헤미아 왕가이며 헝가리 왕가이기도 한 합스부르크가에게는 보헤미아 프로테스탄트 귀족의 행위는 절대로 용서될 수 없는 반역이었다.

오스트리아를 비롯한 합스부르크 세습 영지 내에서의 프로테스탄트 제후들의 저항에 고심하던 황제 페르디난트 2세는 친척인 스페인 합스부르크가에게 군사 원조를 요청했다. 한편 스페인은 보헤미아 왕위를 찬탈한 팔츠 선제후의 본거지인 라인강 일대를 스페인의 영향 아래 두고 싶어했는데, 그곳은 네덜란드 독립전쟁의 진압을 위해 유리한 병참기지가 될 수 있기 때문이다.

이렇게 해서 프로테스탄트 측의 보헤미아-팔츠 연합군과 황제가인 합스부르크가, 바이에른, 스페인 합스부르크 가톨릭 군이 대치했다. 보헤미아의 반란은 분명 가톨릭과 프로테스탄트, 즉 신구교 간의 피할 수 없는 종교전쟁이었다.

갑옷과 투구를 입은 거지

보헤미아의 반란이 종교전쟁이라 해도, 실제로 전투를 담당하는 용병들에게 종교는 아무 상관 없었다. 용병들에게는 전쟁이야말로 살아갈 유일한 양식이다. 종교가 이러니저러니 말해봤자 아무 의미가 없었다. 그것은 용병대장도 마찬가지였다.

용병대장 만스펠트

예를 들면 보헤미아 신교도 반란군 총 2만1천 명 중 1만여 명을 이끄는 용병대장 만스펠트(Ernst von Mansfeld, 1580~1626)는 태어나면서부터 가톨릭교 신도였다. 하지만 종교는 관계없었다. 그에게는 보헤미아 반란이 다시없는 사업의 기회일 뿐이었다. 백작 가문의 서자 출신인 그는 출세를 위해서는 망설일 것 없이 프로테스탄트 진영의 용병대장이 되었다. '갑옷과 투구를 입은 거지'라는 악명을 가진 그는 돈을 좇아 움직이는 그야말로 천생 용병대장다웠다.

실제 전쟁에서 보헤미아 신교도 반란군은 황제군, 바이에른군, 스페인군 연합군에 어이없이 패했고 용병대장 만스펠트의 용병 계약도 중단되었다. 그러나 그는 잔병들을 그대로 이끌었다. 아니 오히려 영국의 원조로 병사를 더욱 늘려 총 2만 명의 군사를 거느리고 비교적 평화가 지속되어 부의 축적을 이루고 있던 가톨릭권 알자스 로렌 지방으로 향했다.

그런데 만스펠트는 어떻게 병사들을 먹여살릴 수 있었을까?

용병 계약이 끝나고 제대한 병사들이 살아가기 위해 방화, 노상

강도, 살인, 약탈 등 온갖 악행을 저질러 사회 불안을 일으키고 다니던 시절도 이미 백 년이 넘게 지났다. 하지만 제대 용병들은 많아야 20~30여 명에 불과했고, 그들의 포악한 행동의 대상인 농민들은 운이 좋으면 식량과 값나가는 물건을 감쪽같이 숨겨놓고, 자신들은 숲으로 도망가 그곳에서 움츠리고 폭풍이 지나가기를 기다릴 뿐이었다. 한스 그리멜스하우젠(Hans Grimmelshausen, 1622~1676)의 《짐플리치시무스의 모험》은 당시의 가련하고 비참한 사정을 약간 희화적으로 그리고 있다. 어쨌든 자포자기한 제대 용병들의 약탈은 개인적인 규모에 그쳤다.

한데 만스펠트는 이러한 약탈 행위들을 2만 명의 군대를 거느리고 조직적으로 행한 것이다. 더구나 당시 군대에서 허용되던 전쟁에서의 승리 후 사흘 동안에 한해 약탈할 수 있는 권리를 무시한 채 일상적으로 계속해서 약탈한 것이다. 만스펠트 군의 전투 상대는 적의 군대가 아니라 처음부터 도시와 농촌의 비전투원이었던 것이다.

당시의 역사 자료에는 다음과 같이 적고 있다.

그들은 지나는 길에 마치 선전포고한 전쟁인 듯 맞닥뜨린 사람들을 모두 죽였고, 마을들을 불태웠으며, 부녀자들을 강간하고, 교회를 황폐화시키고 제단을 때려 부쉈으며, 값나가는 것은 모조리 쓸어가는 전대미문의 악행들을 저질렀다.

만스펠트 군대가 지나간 뒤에는 풀 한포기 살아남지 못할 정도였다고 한다. 병사들은 용병대장 만스펠트에게 완전히 순종했다. 어쨌든 만스펠트 군에 속해 있는 한 병사들은 굶지 않을 수 있었다. 아니 오히려 얼마간의 푼돈도 쥘 수 있었다. 그 대신 용병대장에게 조금이라도 거스르면 당장 군대에서 쫓겨났다. 예전에는 연대장과 병사들 사이에 군인 복무규정에 대해 의견이 교환되고 병사의 요구가 있으면 약간의 수정도 가해졌다. 그러나 이제 군인 복무규정은 연대장이 병사들에게 일방적으로 지시하는 군율이 되었다. 만스펠트는 병사 집회의 존재를 철저히 무시했다. 그는 유례없을 만큼 광범위하면서도 철저한 약탈 행위를 전투 행위로 받아들여 그것을 최대한 효율적으로 추진하기 위해, 병사들을 엄격한 군율로 틀어쥔 것이다. 병사들도 확실하게 손에 들어오는 식량과 푼돈을 위해 란츠크네흐트 부대의 근간이 되었던 공동 결정권을 팔아넘겨 자유전사로서의 자신들의 정체성을 잃고 있었다.

그리고 만스펠트의 수법을 좀더 대규모적으로 수행하고, 결국에는 약탈 행위라는 병사들의 흉악 범죄를 효율적이고 합법적인 수탈기구로 변질시킨 사람이 역사상 가장 유명한 용병대장 알프레히트 폰 발렌슈타인이었다.

15만 명의 군대를 조직한 용병대장

30년전쟁은 이제 제2기 덴마크 전쟁으로 돌입했다.

첫번째 전쟁에서 승리를 거둔 신성로마 황제 페르디난트 2세는 보헤미아와 합스부르크 영내의 프로테스탄트 귀족에게 피의 숙청을 가하고, 그들이 가지고 있던 중간 권력을 뿌리뽑아 권력을 독점해갔다. 그리고 그 기세를 타고 제국 전역에 황제 권력의 확립을 목표로 삼았다.

그 상징적인 조치로 페르디난트는 팔츠 선제후 프리드리히 5세의 선제후 지위를 박탈하고, 보헤미아 진압에 공헌한 바이에른 제후 막시밀리안에게 그 선제후 지위를 주었다. 그런데 이러한 선제후 지위 이적은 제국법상 큰 문제점이 있었다.

■■■
금인칙서
1356년 신성로마 황제 카를 4세가 뉘른베르크 및 메츠의 제국의회에서 선포한 제국법. 대공위시대 이후의 정치적 혼란을 해결하고 국왕 선거 절차와 선제후의 권리를 확정하려는 의도에서 이루어졌다. 주요 골자는 선제후는 7명으로 하고, 그들의 특권에 대해 명시하고 있다.

선제후 가문은 1356년 당시의 황제 카를 4세가 발포한 **금인칙서**(金印勅書, Goldene Bulle) 이후로 제국 내에서 특별한 지위를 갖는 가문이었다. 이러한 배타적 주권을 인정받은 지위를 황제가 제국의회와 상의도 없이 맘대로 처리했다. 그런 권한이 황제에게 있는 건지, 이래서는 황제 독재나 마찬가지라는 소리가 제국의회 안에서 들끓었다.

전쟁에 패배하고 불과 한 시즌 동안 보헤미아 왕으로 끝난 데다 결국에는 선제후 지위마저 박탈당한 프리드리히 5세는 스페인 합스부르크가와 손을 잡은 오스트리아 합스부르크가의 권력독점의 위험성을 신성로마제국 내외에 호소하며 금세 병사를 모았다. 프랑스, 영국, 네덜란드, 스웨덴의 지원을 받고 덴마크 왕 크리스티안 4세가 직접 참전을 해왔다. 이렇게 해서 페르디난트의 선제후 지위

이적은 30년전쟁 제2라운드의 시발점이 되었다.

이때 덴마크 왕을 중심으로 하는 프로테스탄트 진영의 주력은 만스펠트가 이끌었던 악명 높은 용병부대였다. 한편 가톨릭군의 총사령관은 틸리 백작 요한 체르클라에스(Johann Tserclaes, 1559~1632)였다.

틸리는 바이에른 제후를 섬기는 장군으로 군의 편성은 바이에른 제후가 수장인 리그(구교도연맹)의 금고에서 나온 자금으로 이루어졌다. 그런 의미에서 틸리는 만스펠트처럼 자신의 능력으로 군을 편제하고, 그것을 유니온(신교도 연합)에 강매하는 용병대장 본래의 전쟁기업가로서의 측면은 극히 희박했다. 오히려 절대주의 시대에 채용된 상비군 같은 용병군제 시대의 장군 즉 군인귀족에 가까운 존재였다.

틸리 백작

틸리는 프로테스탄트 군을 단숨에 섬멸시키고자 주군 바이에른 제후를 통해 황제 페르디난트에게 가톨릭 군을 증강할 것을 호소했다. 황제의 답은 '돈이 없다'라는 단 한마디였다. 실제로 황제에게는 돈이 없었다. 돈이 없으면 군대를 편성할 수도 없다. 그러나 이때 황제의 금고, 즉 공금에 의존하지 않고 널리 민간인에게 돈을 끌어모아 군대를 편성해 황제에게 제공하겠다는 인물이 나타났다.

보헤미아의 소귀족 출신으로 보헤미아 반란 때 발빠르게 황제 측에 붙어 두각을 나타낸 자가 알프레히트 폰 발렌슈타인(Albrecht von Wallenstein, 1583~1634)이었다. 발렌슈타인은 5만 명의 병력을

알프레히트 폰 발렌슈타인

제공하겠다고 자청했다. 이는 도저히 일개 용병대장이 해낼 수 있는 일이 아니었다. 더욱이 그는 황제군 총사령관이 되자 자신의 역량으로 15만 명의 군사를 편제했다. 대체 그럴 만한 돈이 어디서 났을까?

그의 뒤에는 민간 투자가가 있었다. 보헤미아의 금융연합 대표자 야코프 바체비 폰 트로이옌부르크라는 이름을 들 수 있다. 그러나 누구보다도 네덜란드 은행가 한스 데 비테의 자금조달력이 힘이 되었다. 이들의 자금으로 발렌슈타인은 신속하게 군대를 편성했다. 옷감, 신발, 안장, 말, 머스킷총, 화약, 탄환 등의 장비는 자신이 경영하고 있는 공장에서 조달받았다. 즉 발렌슈타인 군대는 무기상인의 납품 기일 때문에 차질을 빚을 일도 없었고 더욱이 장비의 통일이 상당히 진행되어 있었다.

그런데 비테를 비롯한 민간 투자가들은 어떻게 그렇게 막대한 자금을 투자한 것일까? 자금을 회수할 전망은 있었던 것일까?

발렌슈타인은 "전쟁은 전쟁에서 영양을 섭취한다"라는 단순하면서도 효과적인 자금회수 방법을 발견했다. 즉 만스펠트 군이 벌이는 일상적인 약탈보다 그 몇 배 규모로 약탈을 실행하는 것이다. 더구나 이것은 단순한 약탈이 아니다.

발렌슈타인은 병력을 제공하는 대가로 황제 페르디난트로부터 점령지에 대한 징세권을 얻어냈다. 황제의 보증으로 비합법적이던 약탈이 합법적이고 지속적인 전쟁세로 바뀐 것이다. 말하자면 군세인데, 발렌슈타인은 이 군세 시스템을 재정의 기본으로 삼았다.

발렌슈타인의 군세는 가혹했다. 숙영지의 주민에게 병사의 급료에 해당하는 세금을 할당하고, 연대장이 모병할 돈을 마련하기 위해 열병지에 해당하는 지역에도 세금을 부과했다. 또한 열병지와 숙영지로 지정된 도시나 마을이 병사들의 약탈을 두려워해서 그 면제를 청원하면 이를 허락하는 대신 면제세를 거둬들였다. 더군다나 황제의 보증 한도를 훨씬 넘어 점령지가 아닌 곳에도 부과되었다. 발렌슈타인은 황제의 허가도 받지 않고 자신의 이름을 걸고 자신의 군대가 지나가는 곳 전 지역에서 군세를 징수하라는 명령을 내린 것이다.

발렌슈타인 군대가 지나가는 촌락과 도시 주민들은 자신들의 주군인 독일 제후에게 불만을 호소했다. 제후들은 자신들의 영지에서 황제의 일개 용병대장이 사전 양해도 없이 멋대로 세금을 징수하는 행위는 자신들의 주권을 침해하는 행위이므로 도저히 묵과할 수 없었다.

그러나 비테 같은 금융업자들의 투자가 성공을 거두자, 발렌슈타인의 군대는 눈덩이처럼 세력을 키워 15만 명의 병력을 거느리게 되었다. 이렇게 되자 선제후를 비롯해 어떠한 유력 제후조차도 발렌슈타인의 군세 징수에 반대할 수 없게 되었다.

그리고 발렌슈타인 군대에 뛰어든 용병들은 임시로 고용된 게 아니라서 군대 해산이라는 실직 위기를 걱정하지 않아도 되었고, 무기도 통일되어 마치 상비군 병사 같은 대우를 받았다. 그래서 병사들에게서 예전의 란츠크네흐트 같은 자유전사의 모습은 거의 찾아볼 수 없었고, 발렌슈타인에게 복종하며 엄격한 군율도 감수할 수 있었다.

이러한 발렌슈타인 군에 이탈리아, 네덜란드, 프랑스, 스페인, 스코틀랜드, 아일랜드, 헝가리, 폴란드, 보헤미아 등 유럽 각국에서 용병 지원자가 떼를 지어 몰려들었다. 그 때문에 독일 병사는 오히려 소수파가 될 정도였다. 그리고 혼성군이라서 오로지 큰북으로써 명령을 전달했다.

발렌슈타인의 황제군과 틸리가 이끄는 구교도 연맹군은 압도적인 군세로 덴마크 왕 크리스티안 4세를 독일에서 몰아냈다. 만스펠트 군도 섬멸되었고 급기야는 만스펠트 역시 목숨을 잃고 말았다.

30년전쟁의 제2라운드에서도 승리한 황제 페르디난트는 신성로마제국 역사상 유례없는 황제 독점 권력을 쥔 것 같았다.

그러나 황제 페르디난트의 권력 기반인 압도적인 대군은 황제의 군대가 아니었다. 어디까지나 용병대장 발렌슈타인의 사병에 불과했던 것이다. 그 증거로 한 장교가 발렌슈타인 군의 적당한 자리에 오르기 위해 황제의 추천서를 가지고 발렌슈타인 앞에 나타났을 때, 발렌슈타인은 참모들을 모아놓고 "제군들, 나는 제군들 중 누군가를 죽여야만 한다. 이분을 중대장으로 삼으려면 누군가 한 사람이 죽어줘야만 하겠다"라고 한껏 비아냥거림으로써 황제 측 장교 후보생이 돌아가도록 만들었다.

그리고 발렌슈타인의 사설 군대는 황제가 부여한 점령지에서의 군세 징세권이라는 조건을 확대 해석해 자신의 이름으로 징세권을 행사함으로써 막대한 군세 수입이 황제의 금고가 아니라 발렌슈타인의 주머니로 들어갔다.

황제로서는 문제가 될 만한 심각한 사태였다. 발렌슈타인 군이 언제까지 황제에게 충성한다고는 볼 수 없었다. 용병대장으로 있는 한 언제라도 황제에게 반기를 들 수 있는 것이다. 그런 의미에서 황제에게는 발렌슈타인이 그야말로 양날의 칼이었다.

황제 페르디난트는 발렌슈타인이 거느리고 있는 대군에게서 위험을 느꼈다. 발렌슈타인이 도입한 군세 시스템을 황제 자신이 관리해야겠다고 생각했다. 그렇게 해서 군세 수입은 황제의 금고로 들어가고, 그 돈으로 군대를 편성하면 명실상부한 황제군이 되어 절대권력을 손에 쥘 수가 있다.

한편 황제와 함께 프로테스탄트 세력과 싸워 온 바이에른 제후를 비롯한 가톨릭 제후들은 권력이 점점 황제에게 집중되는 것에 위기감을 느끼기 시작했다. 원래 그들의 입장에서 보면 황제 독점 권력은 원하는 바가 아니었다. 그래서 그들은 황제의 비장의 카드인 발렌슈타인의 파면을 강하게 요구했다. 이렇게 해서 황제와 가톨릭 제후들의 생각이 미묘한 지점에서 일치해 발렌슈타인은 황제군 총사령관직에서 물러났다.

하지만 이러한 파면극을 꾸밀 수 있는 것도 가톨릭 진영이 프로테스탄트 세력에게 연전연승을 거둘 수 있었기 때문이었다. 만일 전황이 변하면 이러한 내분은 가톨릭 진영에 치명적인 파멸을 가져올 수도 있었다. 그런데 정말로 30년전쟁의 전황이 싹 바뀌는 사태가 일어났다.

스웨덴 왕 구스타프 2세 아돌프의 참전이었다. 30년전쟁은 제3라운드로 돌입했다.

구스타프 아돌프의 군제개혁

구스타프 2세 아돌프

스웨덴 왕 구스타프 2세 아돌프(재위 1611~1632)는 네덜란드의 오라녜 공작 마우리츠가 추진한 군제개혁의 완성자라고 일컬어진다.

우선 구스타프 아돌프는 당시 인구가 1백만 정도였던 스웨덴 왕국에서 근대 유럽 최초로 징병제를 실시했다. 1620년의 일이었다.

스웨덴 각 지역 집회소에 15세 이상 남자를 10명씩 1열로 해서 정렬시키면 징병관이 각열 10명 중에서 각각 한 사람씩 선발한다. 대개 18~40세에 이르는 건장한 농부였다. 그들에게는 의복과 무기가 지급되는데, 그 비용은 선발되지 못한 나머지 9명에게서 일률적으로 징수했다. 선발된 남자들은 지역마다 조직되어 있는 연대에 모여 출정 전에 엄격한 훈련을 받았다.

그들은 무기와 제복이 지급되는 징병제 상비군이었다. 전시에만 소집된 스위스 군과는 달리 훗날 유럽의 국민군에 가까운 군대라고 할 수 있다. 해마다 평균 2만 명이 소집되어 1627년에는 13만5천 명의 병력이 되었다.

당시 스웨덴 인구는 1백만 명 정도였는데, 그 중 13만 명이 징병군이었다. 그러자 스웨덴 각지에서 한창 일할 장년 남자의 일손이 부족해지는 현상이 일어났다. 농촌은 심각한 타격을 받고서 폭동을 일으켰다. 그래서 하는 수 없이 외국의 용병부대를 고용해 결원을 보충했다.

용병 모집은 란츠크네흐트 부대와 마찬가지로 스웨덴 왕 구스타프 아돌프가 용병대장에게 모병 특허장을 교부하고, 연대 편성을 용병대장에게 맡기는 시스템이었다. 용병은 대부분 독일인이었지만 프랑스인, 네덜란드인, 영국인, 스코틀랜드인, 아일랜드인도 많이 있었다. 특히 스코틀랜드인은 대부분 장교로서 독일인 용병과 스웨덴 징병부대를 휘하에 두고 있었다.

그래도 스웨덴 군의 중심은 10만이 넘는 잘 훈련된 징병제 상비군이었다. 보병중대는 병력 150명, 횡으로 6~8열의 진형을 취했다. 게다가 화기도 우수했다.

머스킷총의 경량화는 물론이고 포병대도 잘 갖춰졌다. 병사 세 사람이 운반하는 4파운드짜리 포를 만들어, 그때까지는 성을 공격할 때만 쓰던 대포를 야전에 투입했다. 기병도 소총기병에서 칼을 뽑아든 돌격기병으로 개편했다. 스웨덴 군에는 보병, 기병, 포병, 이렇게 3개 병과가 다 갖춰진 셈이다. 이러한 군대는 실로 강하다.

이처럼 당시 유럽 최강의 군대를 가진 스웨덴은 1631년 프랑스와 '베어발데 조약'을 맺는다. 조약 내용은 가톨릭 황제군의 공세로 어려움에 처해 있는 북독일 프로테스탄트 제후를 구하기 위해 가톨릭 프랑스 왕국의 자금으로 스웨덴이 독일을 침공한다는 것이다. 참으로 말도 안 되는 얘기다.

스웨덴은 30년전쟁 2라운드에서도 승리한 황제 가인 합스부르크가가 북부 독일의 패권을 잡고서 발트해의 패권을 노리며 제국 발트함대 건조를 선언한 것을 두고 볼 수는 없었다. 발트해는 스웨덴의 국고를 지탱하는 중상주의 정책의 중심이었다.

기본적으로는 발트해 사수를 염두에 둔 채, 그렇지만 "나는 정복하기 위해서가 아니라 신앙의 적을 무찌르게 위해 왔다"라고 구스타프 아돌프는 가톨릭 국가인 프랑스의 돈으로 프로테스탄트의 해방이라는 대의명분을 걸고 30년전쟁에 참전하게 된다.

구스타프 아돌프의 죽음과 발렌슈타인의 암살

구스타프 아돌프의 독일 침공은 전쟁의 양상을 완전히 역전시켜 놓았다.

■ ■ ■
브라이텐펠트 전투
1631년 30년전쟁 때 프로테스탄트 진영이 처음으로 큰 승리를 거둔 전투. 스웨덴 왕 구스타프 2세 아돌프가 이끄는 스웨덴-작센 군은 틸리 백작이 이끄는 신성로마 황제 페르디난트 2세의 가톨릭 동맹군에게 승리를 거두었다. 이 전투를 통해 스웨덴이 강국으로 등장했고, 오랫동안 유럽 전쟁에서 쓰였던 보병대의 대량 포진이라는 낡은 전술에 비해 스웨덴의 유연한 선형 전술이라는 새로운 전술의 우위성이 증명되었다.

발렌슈타인은 고향인 보헤미아에서 칩거하고 있었고 그 틈을 이용해 스웨덴군은 순조롭게 진격했다. 물론 스웨덴군이라 해도 용병이 절반 이상을 차지하고 있었다. 어쨌든 프로테스탄트 세력은 되살아났다. 그리고 1631년 9월 18일, 라이프치히 근교에서 30년전쟁 최대의 전투 **브라이텐펠트(Breitenfeld) 전투**가 벌어졌다.

역사상 유명한 이 브라이텐펠트 전투에서 스웨덴군은 큰 승리를 거두었다. 이 즈음에 이르러 루터파의 아성이었던 작센 선제후의 군대 1만6천 명을 우군으로 한 스웨덴군 2만3천 명은 황제군 3만6천 명을 완전히 격파했다. 황제군의 사상자가 1만2천 명인 데 비해 스웨덴군은 2천 명에 불과했다. 황제군 7천 명이 포로가 되었다. 이후 기념화폐까지 발행된 스웨덴군, 즉 프로테스탄트의 대승리였다.

이 전투의 패장은 파면된 발렌슈타인의 뒤를 이어 황제군 총사령관이 된 틸리였다. 틸리는 이어지는 레히 전투에서도 스웨덴군에게 패했고 목숨마저 잃었다. 스웨덴군은 파죽지세로 남하하여 황제의 본거지 빈(Wine)으로 바짝 다가섰다.

황제 페르디난트는 당황했다. 이 전황을 타개하려면 발렌슈타인을 다시 기용할 수밖에 없었다. 황제는 저자세로 발렌슈타인에게 황제군 총사령관으로의 복귀를 부탁했다.

한편 발렌슈타인에게는 야심이 있었다. 그는 용병대장에서 밀라노 공국의 주권자로 올라선 프란체스코 스포르차처럼 나라를 강탈하겠다는 생각을 가지고 있었다. 이를 위해 발렌슈타인은 황제로부터 여러 가지 특권을 약속받은 다음 황제군 총사령관으로 복귀했다.

구스타프 아돌프와 발렌슈타인은 1632년 11월 16일, 라이프치히 남서쪽 24킬로미터 지점에 있는 소도시 뤼첸(Lutzen)에서 격돌했다.

이 전투에서 스웨덴군이 대승했다. 그러나 승자인 스웨덴군에게 치명적인 일이 벌어졌다. 전투가 끝나고 해질 무렵 구스타프 아돌프의 시체가 발견된 것이다. 왕이 전투 중에 목숨을 잃는 것은 근세에 들어서 극히 드문 일이었다. 그래서 근세 군대 역사상 가장 유명한 구스타프 아돌프의 죽음은 곧 그의 신화를 만들어냈다. 그리고 그 신화로 인해 30년전쟁은 한층 더 오래 끌게 된 것이다.

한편 구스타프 아돌프의 죽음으로 뤼첸 전투의 패전을 어느 정도 만회한 발렌슈타인은 황제군 총사령관으로 복귀할 때 받아낸 여러 가지 특권, 즉 군의 전권, 화평교섭권, 조약체결권 등을 행사하면서 수상쩍은 움직임을 보이기 시작했다.

발렌슈타인은 구스타프 아돌프가 죽은 후에도 총리 옥센셰르나(Axel, Greve Oxenstierna)의 지휘 아래 독일에 머무르고 있던 스웨덴군과 비밀리에 평화협상을 시작했다. 스웨덴 측이 내건 조건은 발렌슈타인이 황제를 배반할 것을 요구했다. 이 교섭은 실패로 끝났다. 그러자 이번에는 프랑스에서 더 좋은 조건으로 협상을 요청해왔다. 황제를 배반하면 발렌슈타인에게 보헤미아 왕위를 보증한다는 것이다. 발렌슈타인이 그 제안에 응했는지 어떤지는 밝혀지지 않았지만, 교섭이 진행되면서 그러한 소문이 돈 것은 확실했다.

그리고 황제 입장에서 보면 발렌슈타인의 행위는 명백한 배반이었다. 황제는 발렌슈타인을 암살하라는 명령을 내렸고, 1634년 2월 25일, 그 명령은 너무도 쉽게 실행되었다.

여기서 발렌슈타인은 중대한 실수를 저지르고 있었다. 그는 군대의 전권을 쥐고 있었지만, 그 군대는 이전에 자신이 파면되기 전에 이끌던 사병(私兵)이 결코 아니었다. 그 병사들은 발렌슈타인 자신이 모병하지도 않았고, 당시 합스부르크 세습령에 부과된 군세로 편성된 군대였다. 황제는 발렌슈타인이 창설한 군세 제도를 이용해 자기만의 군대를 편제해, 그 지휘를 황제군 총사령관 발렌슈타인에게 맡겼을 뿐이다. 당연히 군의 주권자는 어디까지나 황제였고, 발렌슈타인 휘하의 장교들은 당연히 황제의 의향에 따랐다. 이것이 별다른 저항 없이 어이없게 암살이 이루어진 이유였다.

즉 발렌슈타인이 창설한 군세제도는 용병대장이 전쟁기업가로서 전횡을 휘두르는 것을 더 이상 허용하지 않았다. 용병대장이 자립성을 잃고 공권력의 일개 고용인으로 전락한 것이다.

용병대장이 전쟁기업가로서의 측면을 잃고 순수하게 군사적 기능만을 맡게 되면, 그 용병대장에게 자금을 제공한 민간 투자자는 막대한 손실을 입게 된다. 발렌슈타인의 최대 자금조달자인 네덜란드 은행가 한스 데 비테는 발렌슈타인이 황제군 총사령관에서 파면됐을 때부터 곤경에 빠졌다. 어쨌든 군세가 발렌슈타인의 수중에 들어오지 않자 그에게 빌려준 50만 굴덴의 채권은 회수할 길이 없었다. 사업가로서 실패한 비테는 자살을 택했고, 그를 죽게 만든 장본인 발렌슈타인도 스스로 자신의 목을 조르는 결과를 낳아 암살되었다.

구스타프 아돌프의 전사, 그리고 발렌슈타인의 암살 후 30년전쟁은 완전히 교착상태에 빠졌다.

'국가의식'과 용병의 지위 저하

"유럽에서는 토지와 마을, 그리고 그 부를 빼앗기 위해 싸운다. 일본에서의 전쟁은 거의 항상 쌀과 보리와 밀을 빼앗기 위한 것이다."

이것은 1562년에 일본에 건너와 오다 노부나가(織田信長, 1534~1582)와 도요토미 히데요시를 알현하기도 했던 포르투갈 선교사 루이스 프로이스가 히데요시의 규슈 정벌 현장을 기록한 보고서의 한 구절이다. 유럽의 전쟁을 '영토확장 전쟁'으로 일본의 전쟁을 '먹기 위한 전쟁'으로 비교했지만, 그러나 히데요시의 규슈 정벌은 틀림없는 영토확장 전쟁이었다.

약 150년 동안 이어진 일본의 전국시대 말, 30년을 일본에서 살았던 프로이스는 전장을 휘젓고 다닌 영웅들이 아니라, 그 전쟁에 동원된 수많은 병사들에게 초점을 맞춘 듯했다. 분명 일반 병사들에게 전쟁이란 군량을 손에 넣는 것이고, 그런 의미에서 그들의 전쟁은 바로 '먹고살기 위한 전쟁'이었다.

서로 죽여야 하는 전쟁이 병사들에게 '먹고살기 위한 전쟁'이 되는 것은 동서양 모두 마찬가지다. 특히 오닌의 난(1467) 이후 혼란했던 일본에 겨우 천하통일의 조짐이 보이기 시작할 무렵 행해진 히데요시의 규슈 정벌과는 달리, 신성로마제국(독일)은 통일은 고사하고 점점 분열이 고착화되어가고 있었다. 그러한 상황의 30년전쟁에서 병사들은 전쟁의 의미 따위는 일절 알려고도 하지 않고 오로지 먹고살기 위해 싸운 것이다.

"병사들에게 빵과 일을 주기 위한 전투가 이어졌고, 겨울을 날 진영 확보를 위해 전투가 벌어졌으며, 군의 관심은 오로지 양곡의 현지 징발에 쏠려 있었다."(《30년전쟁사》 프리드리히 실러)

이것이 프랑스군이 직접 참전하게 된 30년전쟁 최종 라운드의 모습이었다. 즉 전쟁을 수행할 수 있도록 뒷받침해주는 비옥한 대지가 완전히 불모지로 변해버렸기 때문에 오히려 전쟁이 계속된다는 아이러니한 결과를 낳게 되었다. 사람들은 이제 전쟁이라면 지긋지긋해졌다. 단지 관성의 법칙으로 지루하게 이어지는 전쟁을 끝내려면 어느 쪽인가 결정적인 승리를 할 수밖에 없었다.

가톨릭이든 프로테스탄트든 어느 한쪽이 결정적인 승리를 해야 했다. 구스타프 아돌프가 참전하게 된 속사정을 봐도 이 전쟁은 더 이상 종교전쟁이 아니었다. 극단적으로 말하면 합스부르크 대 반(反)합스부르크의 전쟁이 되었다. 그리고 반합스부르크 진영이 승리를 거두고 드디어 30년전쟁은 종결되었다.

그 결과 신성로마제국의 분열 상태가 고착화되었고, 제국 내의 유력 제후국은 동맹권을 포함한 국가 주권을 손에 넣고 저마다 절대주의 정책을 펼쳤다. 1648년, 전쟁에 마침표를 찍는 '베스트팔렌(Westfalen) 조약'이 '신성로마제국의 사망진단서'라고 불리는 까닭이다.

그리고 대규모의 외국인 용병을 거느리고 이 전쟁에 참전했던 스웨덴, 프랑스, 스페인은 점차 자신들 국가의 정체성을 깨닫게 되었다. 병사들은 전투에서 승리의 함성으로 "스웨덴 만세!" "프랑스 만세!"라고 외치기 시작했고, 가톨릭 광신국가 스페인 병사들조차 "산타마리아!"라는 신호를 "스페인 만세!"로 바꿔 말하며 돌진했다.

이것은 병사들 사이에서 종교를 위해서도, 돈을 위해서도 아닌 나라를 위해서 싸운다는 감정이 싹트기 시작했다는 의미이다. 그리고 이것은 군대로서의 용병부대에 종말이 다가오고 있음을 알리는 것이었다. 아니면 적어도 전투력의 중추가 아니라 특수한 보조부대로서의 지위를 감수해야 한다는 얘기다. 그리고 란츠크네흐트 부대의 공동 결정권으로 상징되는 '자유전사' 이미지는 무너지고, 용병들은 거대한 군사기구 속에서 하나의 톱니바퀴가 되었고 용병대장은 자립한 전쟁기업가가 아니라 국가 권력의 시녀로 전락하게 되었다.

제10장
태양왕의 용병들

태양왕 루이 14세

프랑스 절대왕조의 탄생

일본에서는 1615년 오사카의 진(大坂の陣, 도쿠가와 이에야스가 히데요시 가문을 공격하여 천하통일을 이루게 된 전투) 여름 전투가 끝나고, 천하태평 시대의 막이 열렸다. 그것은 곧, 150년 동안 이어진 전국시대의 거대한 전쟁 에너지가 한순간에 갈 곳을 잃었다는 의미이기도 했다. 그러자 이 거대한 에너지는 동남아시아를 향해 분출되었다.

이 무렵은 일본인 용병이 대량으로 바다를 건너 해외로 진출한 시기이기도 했다. 그 징후는 히데요시에 의한 임진왜란 직후부터 나타났다. 약 10만 명의 일본군이 조선으로 건너갔고, 그리고 돌아온 병사들은 갈 곳을 잃었다. 그렇다면 돈에 굶주린 병사들이 동남아시아로 눈을 돌린 것도 전혀 이상할 게 없다. 사실 스페인의 마닐라 총독은 스페인 왕 펠리페 3세에게 일본인 용병의 위험성을 보고하기도 했다.

동남아시아는 스페인과 포르투갈 같은 동양무역의 선두주자와 네덜란드, 영국 등 후발주자가 격돌하고 있던 전장이었다. 양측 모두 용맹을 떨치고 있는 일본인 용병을 몹시 원했다. 이렇게 해서 수많은 일본인들이 동남아시아 곳곳을 휩쓸고 다녔다.

그런데 도쿠가와 막부는 1621년 일본인 용병의 해외 진출을 금지했다. 또한 무기 수출입 금지령을 내리고 일본이 스페인, 포르투갈, 네덜란드, 영국의 유력한 병참기지가 되는 것도 완강히 거부했다. 그것은 유럽 각국의 치열해진 식민지전쟁에 일본이 휩쓸릴까 봐 두려웠기 때문이다.

도쿠가와 막부의 무기 거래 금지령은 그 위험성을 회피하기 위한 필사적인 대책이고, 전국시대 이후 일본인의 심각한 국외 유출에 제동을 건 것이다.

일본은 오랫동안 쇄국에 들어가 팍스 도쿠가와나(도쿠가와 막부에 의한 평화) 시대를 맞이했다. 그리고 일본에서 용병이 사라졌다.

이와는 반대로 30년전쟁 후의 유럽. '팍스 합스부르크나'의 꿈은 무너지고 유럽은 한동안 열강들이 세력의 균형을 이루고 있었다. 그리고 그 균형을 깨뜨린 것이 30년전쟁을 교묘하게 선동하고 그러는 동안에 중앙집권 국가를 만들기 시작한 프랑스 절대왕조였다. 이후 유럽은 한동안 태양왕 루이 14세를 중심으로 움직였다.

태양왕 루이 14세

태양왕 루이 14세(재위 1643~1715)는 30년전쟁 말기인 1643년에 프랑스 왕위에 올랐다. 하지만 아직 어린 나이여서 재상 마자랭(Jules Mazarin) 추기경이 그를 보좌했고, 1661년 마자랭이 죽자 직접 통치하게 되었다. 마자랭은 전임 재상이었던 리슐리외(Armand Jean du Plessis de Richelieu) 추기경이 30년전쟁에서 프랑스의 권익을 지켜 중앙집권 체제의 기반을 닦아놓은 것을 이어받아, 프랑스 절대왕조 확립에 전력을 다한 수완가였다.

루이 14세는 마자랭의 사후 50년 동안 통치했는데, 죽기 직전 자신의 오랜 치세를 회고하면서 "내가 전쟁을 지나치게 좋아했다"라고 고백을 했다. 그도 그럴 것이 통치 54년 동안 프랑스는 34년이나 전쟁 상태였다.

물론 이 정도로 오래 전쟁을 계속하려면 상당한 국력과 왕의 권력독점, 그리고 잘 정비된 군대가 있어야 한다. 네덜란드의 마우리츠 오라녜, 스웨덴의 구스타프 아돌프가 실시한 군제개혁은 분명 근대적인 군사제도의 길을 열었다. 그러나 그것은 어디까지나 네덜란드와 스웨덴이라는 작은 나라에서의 실험이었다.

당시 국력을 측정하는 척도는 인구였다. 비록 이름뿐인 황제가 일지라도 그래도 오스트리아를 중심으로 하는 합스부르크가 세습령에는 약 8백만 명의 인구가 있었다. 스페인은 6백만 명, 영국은 7백만 명 정도였다. 신성로마제국(독일)은 30년전쟁 이후 완전히 분열되어 인구 수가 별의미가 없었다.

이에 비해 프랑스 인구는 1천8백만 명이나 되었다. 그야말로 다른 나라에 비해 월등한 대국이었다. 프랑스의 군제개혁은 프랑스 한 나라를 넘어 전 유럽에 지대한 영향을 끼칠 수밖에 없다. 실제로 대부분의 유럽 나라들, 특히 독일 제후국들이 루이 14세의 군제개혁을 일제히 따라했다.

군제개혁의 주요 내용에는 상비군 편제, 징병제의 시초라고 할 수 있는 일정 지역에서 1명을 병사로 뽑는 민병 선출제도, 근위병 부대, 정규 보병대, 정규 기병대, 포병대, 민병연대 등 각 부대의 정비, 제복의 도입, 무기의 정비와 개량 등, 모든 면에서 개혁이 이루어졌다.

그러나 루이 14세의 군제개혁 최대의 초점은 군의 편제권을 국왕 자신이 갖는다는 점이었다. 이전까지의 란츠크네흐트 시대는 용병대장이, 그리고 왕의 직속 군대라 해도 사령관이 군의 편제권을 독점하고 있었다. 그런 의미에서 그때까지의 전쟁에서 왕은 사실상 조연에 불과했다.

그러나 이들 전쟁 프로페셔널들은 자신의 주머니 채우기에만 급급했다. 용병대장이 병사 수를 속여 급료를 착복하는 것을 비롯해 온갖 부정은 말할 것도 없고, 왕의 직속군조차도 사령관과 그 수하 장교들의 비리가 극심했다. 장교계급은 부정부패의 온상이었다.

이러한 폐단을 없애기 위해 루이 14세는 자신이 직접 군의 편제권을 쥐고 장교를 임명했다. 우선 근위연대에 최신 군사이론과 기술을 교육시키고, 그들을 각 연대로 파견해 부정을 저지른 장교들을 쫓아냈다. 그리고 연대 전체에 군율을 교육시키고 무엇보다도 왕에 대한 절대충성심을 심어주었다. 이렇게 해서 프랑스군은 국왕의 소유로 전환되고 있었다.

루이 14세의 군제개혁의 실행자는 프랑스 육군의 창설자이자 최고 군사책임자였던 루부아(Marquis de Louvois, 1639~1691) 육군장관이었다. 루이 14세는 뛰어난 군사전문가였던 루부아를 통해 30만 명의 근대화 된 상비군을 거느릴 수 있었다. 그것은 30년전쟁 때와 비교도 되지 않는 동원력이자, 국력의 부강과 왕에게 집중된 국가권력이 어느 정도인지를 여실히 보여주는 숫자였다.

루부아

그러나 30만 명 모두가 프랑스인은 아니었다. 왕에 대한 절대충성심은 어디까지나 세상에서 격리된 군대 내에서의 이야기일 뿐이다. 더욱이 프랑스는 콜베르(Jean Baptiste Colbert, 1619~1683)의 중상주의 정책으로 산업과 상업이 발달하여 일자리가 폭발적으로 늘어나게 되었다. 이제 군대만이 고용을 보증하는 기관이 아닌 셈이다. 군대가 아니어도 얼마든지 일자리를 구할 수 있는 사회가 되었다.

그리하여 프랑스 상비군 30만 명 중 절반 가까이가 외국인 부대 즉 용병이었고, 특히 스위스 용병부대의 역할이 무시할 수 없을 만큼 중요해졌다.

루이 14세와 스위스 용병

루이 14세는 스위스 용병을 특히 총애했는데, 그가 어린 시절 연못에 빠져 위험에 처해 있을 때 스위스 호위병이 구해주었기 때문이라는 이야기가 있다.

그러나 프랑스대혁명이 한창이던 1792년, 스위스인 근위대가 루이 16세를 지키기 위해 튀를리 궁전으로 밀어닥친 민중들을 맞아 최후의 한 명까지 결코 물러서지 않았던 것만 봐도, 스위스 용병부대가 프랑스 부르봉 왕가와 깊은 관계를 맺고 있었던 것만은 틀림없는 사실이다. 루이 14세 때 스위스 인구는 약 90만 명이었고, 그 중 12만 명이 프랑스군을 위해 일했다. 따라서 스위스 병사는 프랑스의 단순한 용병이라기보다 프랑스 국왕으로부터 급료를 받는 동맹자나 다름없었다.

사실 스위스 서약동맹은 프랑스와 동맹계약을 맺었기 때문에 평시에도 최소한 12중대 2천4백 명의 연대를 프랑스에 제공해야 했다. 이들이 바로 1688년에 설립된, 붉은 코트의 제복으로 유명한 스위스 연대이다.

그리고 연대 소속 스위스 병사에 대한 재판권은 고용주인 프랑스 국왕이 아닌 스위스 병사의 각 출신 주에 있었고, 스위스 주정청의 재판은 스위스 연대의 장교가 대리로 집행했다.

이 무렵 전투의 선봉에 서는 정예보병 중대가 창설됐는데, 그것도 스위스인 연대의 중대장 피터 슈토프가 창안한 것이다. 이러한 공로에 보답하기 위해 루이 14세는 스위스인 연대를 우대하며 파리 근교에 주둔기지를 제공했다. 또한 스위스 병사는 재판권뿐 아니라 종교의 자유도 보장되어 있었다.

그러나 루이 14세와 스위스인 연대의 이러한 밀월관계도 서서히 금이 가기 시작했다. 주요한 이유 중 하나는 루이 14세가 단행한 낭트(Nantes)칙령의 폐지였고, 또 하나는 스위스 병사를 용병으로 보낸 스위스 서약동맹 각 주정청을 지배하는 도시 귀족의 끝없는 타락 때문이었다.

낭트칙령의 폐지와 위그노 유출

'낭트칙령'은 1562년부터 30년 넘게 계속된 프랑스의 종교내란인 위그노 전쟁을 종식시키기 위해 프랑스 부르봉 왕가의 시조 앙리 4세(재위 1589~1610)가 1598년 낭트에서 발포한 칙령이다. 그것은 신교도 위그노에게 제한적이나마 신앙의 자유를 인정하는 것으로, 이로써 프랑스 위그노들의 국외 유출을 어느 정도 막을 수 있었다.

그러나 1685년, 루이 14세는 조부 앙리 4세가 발포한 낭트칙령을 폐지했는데, 이것은 프랑스에게 큰 타격을 주는 일이었다. 당시 최고의 기능 집단인 시계공과 모직물 공업의 직인들이 위그노 그룹에 속해 있어서, 그들에 대한 탄압과 국외 추방은 자연히 프랑스의 지식 수준의 저하뿐 아니라 기술력과 생산력의 감퇴를 가져오는 결과가 되었기 때문이다.

그렇다면 위그노는 어디로 망명했을까? 우선은 칼뱅파의 본거지인 스위스, 다음으로 네덜란드, 영국이었다. 어느 나라에서도 대환영이었지만 특히 스위스는 당시의 최첨단 기능 집단인 위그노의 시계공을 많이 맞이함으로써 스위스 국내산업의 육성화를 꾀했다.

스위스로서는 그야말로 자국 경제가 용병산업 의존도에서 벗어날 수 있는 좋은 기회였다. 이 무렵부터 훗날 스위스의 대명사가 된 시계산업이 눈부신 발전을 거듭해 대량의 고용 기회를 창출했다. 이로써 스위스는 '피의 수출'에만 의존하지 않고도 살아갈 수 있게 되었다. 위그노의 스위스 망명은 스위스 용병산업의 종식을 가져온 것이다.

위그노의 대량 유출은 프랑스 육군에도 지대한 영향을 끼쳤다. 축성술(築城術)의 천재라고 불리던 보방(Sebastien Le Prestre de Vauban, 1633~1707)의 계산에 따르면, 이때 가장 우수한 장교 6백 명과 경험이 풍부한 병사 1만2천 명이 네덜란드, 영국, 독일로 빠져나갔다고 한다.

그러나 위그노 병사들의 도망친 것과는 반대로 역시 종교적인 이유로 많은 병사들이 루이 14세의 군대로 뛰어든 일도 있었다. 더구나 그것은 위그노의 망명에 비해 훨씬 어둡고 슬픈 이야기였다.

와일드 기스

영국의 그레이트 브리튼 섬 서쪽에 있는 아일랜드. 유럽 내륙부에서 활약하던 켈트족 일부가 기원전 5세기 경에 흘러들어간 변경의 섬이라고 할 수 있다. 그 때문인지 브리튼 섬까지 찾아든 카이사르도 이 섬에는 발을 내딛지도 않았다. 그래서 '카이사르도 오지 않았던 섬'이라는 자조적인 표현이 생겨났다.

흔히 말하는 프랑스 문화 우월주의는 프랑스가 독일에 비해 일찌감치 고대 로마문명의 영향을 받았다는 데 기인한다고 여겨질 정도로, 유럽인의 마음속엔 고대 로마문명과의 접촉 정도가 중요하게 자리잡고 있다. 그런 이유로 아일랜드 섬은 예로부터 브리튼 섬 사람들에게 차별을 받았다.

이 섬에 카이사르는 찾아오지 않았지만 그 대신 가톨릭이 들어왔다. 그리고 이 사실 때문에 프로테스탄트 영국인들은 아일랜드인들을 한층 더 천시했다. 아니 천시 같은 그리 간단한 문제가 아니다. 아일랜드의 역사는 그야말로 영국에 의한 핍박의 역사라고 할 수 있다.

아일랜드는 원래 척박한 땅이었다. 불모의 땅에서도 자라나는 감자가 없었다면 아일랜드인은 모두 굶어죽었을지 모른다. 실제로 18세기 중엽 **대기근**(감자기근)이 덮쳐와 수많은 사람들이 아일랜드를 떠날 수밖에 없었다. 그래도 옛날에는 어느 정도의 숲이 있었다.

아일랜드 대기근 1740~41년에 걸쳐 아일랜드에 혹한과 감자 흉작으로 대기근 발생하여 인구 8백만 중 2백여만 명이 사망하고 2백만 명이 해외로 이주해 인구가 절반으로 줄었다.

그런데 16세기 이후, 아일랜드의 산은 민둥산이 되었다. 영국 정부가 스페인 무적함대에 대항하기 위해 군함을 건조할 때, 아일랜드 숲의 나무들을 대량으로 벌채했기 때문이다. 이는 영국에 의한 아일랜드 탄압 역사의 한 단면을 보여주는 예이다.

하지만 좀더 지독한 이야기가 있다. 청교도 혁명(1642~1651)으로 왕당파를 물리치고 영국의 주권을 장악한 크롬웰(Oliver Cromwell, 1599~1658)이 행한 아일랜드 파병이다. 1649년 여름, 크롬웰은 몸소 영국군 2만 명을 이끌고 아일랜드에 상륙해 가톨릭 아일랜드인 6천 명을 학살했다.

열혈 프로테스탄트주의자였던 크롬웰은 자신을 성자라 칭했는데, 아일랜드인들은 어이없어하며 "성자가 거리로 쳐들어왔다"라는 말로 그를 한껏 비꼬았다.

아일랜드인들은 마음속으로 프로테스탄트 영국에게 복수의 칼을 갈면서 겉으로는 침묵할 수밖에 없는 나날을 보냈다. 그들에게 기회가 온 것은 1689년 3월의 일이었다.

크롬웰 정권이 무너진 후 왕정복고가 된 영국에서 1688년, 가톨릭 신자인 제임스 2세(재위 1685~1688)가 친프랑스 정책을 취하다 의회로부터 왕위를 박탈당하는 명예혁명이 일어났다. 이때 영국 의회로부터 새 왕으로 추대된 사람이 근대 군제의 길을 연 네덜란드의 마우리츠 오라녜의 동생 프레드릭 헨드릭의 손자에 해당하는 윌리엄 3세(재위 1689~1702)이다.

한편 프랑스로 망명한 제임스 2세는 루이 14세의 프랑스군과 함께 영국 왕위 탈환을 목표로 1689년 3월 아일랜드에 상륙했다.

아일랜드인은 기회는 이때다 싶어 일제히 무기를 들고 일어났다. 제임스 2세 군대와 아일랜드 반란군은 수도 더블린을 장악했다. 그리고 아일랜드 동쪽을 흐르는 보인강 부근에서 제임스 연합군은 네덜란드군을 아군으로 끌어들인 윌리엄 3세가 이끄는 영국군과 최종 결전을 맞이했다.

결과는 영국군의 압도적인 승리였다. 제임스 2세는 재빨리 도망가 프랑스로 망명했지만, 남겨진 아일랜드인들에게는 전보다 한층 더 가혹한 운명이 기다리고 있었다.

이 즈음에 이르러 아일랜드의 젊은이들은 차라리 고향을 버리기로 결심한다. 원래 그들의 선조인 켈트족은 용병 일에 종사하는 경우가 많았는데 제2차 포에니 전쟁에서 명장 한니발(B.C. 247~B.C. 183)이 알프스를 넘을 때도 많은 켈트인들이 용병으로 참가했었다.

사실 아일랜드에는 이렇다 할 산업이 없었다. 딱히 특별한 기술도 없는 망명자가 살아가려면 용병 일밖에 없었다. 이리하여 그들은 루이 14세의 육군 밑에 아일랜드 용병으로서 입대했고, 그 수가 1만2천~1만4천 명에 이르렀다고 한다.

그리고 아일랜드의 서글픈 역사를 짊어지고 용병으로서 타국으로 떠난 이 젊은이들을 일컬어 사람들은 슬픈 어조를 담아 '와일드 기스(Wild Geese, 야생거위)'라고 불렀다.

스페인 왕위계승 전쟁

태양왕 루이 14세는 프랑스인 상비군 외에도 스위스 용병, 와일드 기스 등 수많은 용병을 거느리고 전쟁을 거듭했다. 수많은 전쟁 중에서 가장 규모가 큰 것은 스페인 왕위계승 전쟁이었다.

18세기 초 "태어났을 때부터 죽음에 가까웠다"고 할 정도로 허약했던 스페인 왕 카를로스 2세(재위 1665~1700)에게는 후계자가 없어 스페인 합스부르크가의 최후의 날이 가까워오고 있었다. 그래서 스페인 왕위와 광대한 영토의 계승 문제가 유럽 열강의 최대 관심사로 떠올랐다.

프랑스 부르봉 왕가는 루이 14세가 카를로스 2세의 누나를, 오스트리아 합스부르크가는 신성로마 황제 레오폴트 1세가 카를로스 2세의 여동생을 각각 황후로 맞이하고 있어서 양쪽 모두 스페인 왕위 계승권을 주장했다. 그러자 스페인 합스부르크가의 단절이 예정된 것이나 마찬가지인 스페인 궁정에서도 부르봉 지지파와 합스부르크 지지파로 나뉘어 정쟁이 계속되었다. 그리고 결국 부르봉 지지파가 승리하게 되었다.

카를로스 2세는 죽기 한달 전, 스페인 왕위를 루이 14세의 손자 앙주공 필리프에게 넘긴다는 유서를 썼다. 다만 프랑스 왕국과 스페인 왕국의 통합은 절대로 금지한다는 단서 조항이 붙어 있었다.

그러나 그런 조항 따위는 왕위를 계승하기만 하면 어떻게든 할 수 있다. 실제로 오스트리아 합스부르크가를 따돌리고 자신의 손자를 스페인 왕 펠리페 5세로 즉위시킨 루이 14세는 당장 프랑스와 스페인의 국경 피레네 산맥은 더 이상 존재하지 않는다며, 프랑스와 스페인 양국을 통합하려는 움직임을 보이기 시작했다.

그러자 원래 펠리페 5세의 즉위를 승인하지 않았던 오스트리아 합스부르크가는 물론, 영국과 네덜란드 양국도 일제히 이의를 제기했고, 이들 나라들은 서로 연합해 반(反)프랑스 대동맹을 결성했다. 1702년 5월, 대동맹은 루이 14세에게 선전포고를 했다. **스페인 왕위계승 전쟁**(1701~1714)이 발발한 것이다.

■■■
스페인 왕위계승 전쟁
1701~1714년 스페인 왕위계승을 둘러싸고 프랑스·스페인에 맞서 영국·오스트리아·네덜란드가 반(反)프랑스 동맹을 맺고 벌인 전쟁. 영국과 프랑스의 교섭으로 1713년 위트레흐트 조약이 체결된 후에도 오스트리아는 전쟁을 계속했으나 다음해 라슈타트 조약으로 전쟁은 끝을 맺었다.

14년 동안 이어진 이 전쟁에서 최대의 전투는 1709년 9월 11일, 북프랑스에서 벌어진 말플라크(Malplaquet) 전투이다. 양측을 합쳐 총 14만 명이 넘는 이 전투는 대동맹의 승리로 끝났다. 그러나 승리한 대동맹도 전사자가 2만 명이나 되는 치열한 전투였다.

대동맹은 오스트리아-영국 연합군으로 프란츠 외젠(Franz Eugene, 1663~1736)과 말버러 공작(John Churchill, 1st Duke of Marlborough, 1650~1722)이 각각 양쪽 군대를 이끌었다.

프란츠 외젠은 유명한 오스트리아의 명장이다. 그러나 그는 마자랭 추기경의 조카딸의 아들로 태어났다. 루이 14세의 사생아라는 소문이 끊이지 않았던 것처럼 근본을 따지자면 프랑스 쪽 사람이었다. 한데 그가 열망하던 군인의 길이 루이 14세에 의해 막히자 파리를 떠나 빈 궁정으로 달아났다. 이후 군인으로서 승진을 거듭해 원수 자리까지 올랐다. 이 같은 출신 때문에 프란츠 외젠이야말로 외국 군대에 복무하는 모든 용병 중에 가장 뛰어난 용병이었고 그의 죽음과 함께 유럽 용병제도는 끝났다는 설이 있을 정도였다.

그러나 가장 뛰어났던 이 용병은 결코 돈에 팔려 다니지는 않았다. 자신을 거둬준 합스부르크가에 평생 충성을 맹세했다. 외젠은 스페인 왕위계승 전쟁 직전에 프랑스 왕 루이 14세가 제의한 귀순 권유를 완강하게 거절하고 레오폴트 1세, 요제프 1세, 카를 6세 이렇게 3대 황제를 섬기며, 늙어 죽음을 맞이할 때까지 합스부르크 제국의 기둥인 원수로 재직했다.

한편 영국군을 이끈 말버러 공작은 제2차 세계대전의 영국 영웅 윈스턴 처칠의 선조에 해당한다. 그는 1677년까지는 30년전쟁에서 수많은 무훈을 세운 프랑스 최고의 명장 튀렌(Turenne) 장군의 참모로 복무했고, 고국 영국으로 돌아와서는 스페인 전쟁에서 영국-네덜란드 연합군 총사령관으로 임명되었다. 이처럼 프랑스군에서 영국군으로 군적을 옮기는 것은 당시로서는 흔한 일이었다. 말버러가 고국 영국 군적으로 옮기고 섬긴 영국 왕은 수많은 아일랜드의 젊은이들을 와일드 기스로 만들어 루이 14세의 수중으로 쫓아낸 윌리엄 3세였다.

외젠과 말버러 두 장군이 이런 경력을 지녔을 정도니, 장교 이하 병사에 이르기까지 군적 이동은 다반사였다. 그래서 대부분이 용병군인 대동맹군의 병사가 같은 고향 출신의 프랑스 용병군과 싸우는 일도 드물지 않았다. 아니, 오히려 한 형제가 전장에서 만나는 일도 있었다.

스위스 용병의 비극

스위스 서약동맹 루체른 주 출신 용병 요스트 폰 리딕은 프랑스군의 스위스 연대에 속해 있었다. 루이 14세가 특별히 총애하는 이 스위스 연대는 파리 교외에 병영을 제공받고 있었는데 바로 프랑스 궁정 근처였다. 당시 프랑스 궁정의 퇴폐적인 분위기는 스위스 연대의 장교들에게까지 전파되어 병영 내의 풍기문란은 이루 말할 수 없을 정도였다.

스위스연대의 장교들은 대부분 스위스 서약동맹 각 주정청을 지배하는 귀족의 자제가 대부분으로, 말하자면 돈으로 장교직을 산 터라 전술도 제대로 모르는 자들뿐이었다. 그러니 말만 장교이지 그들은 전장에서 오히려 지장만 줄 뿐이었다. 이들의 엉터리 같은 명령을 받아야 하는 리딕은 그런 자들에게 목숨을 맡겨야 하는 자신의 운명을 저주했다. 그러나 리딕에게는 그보다 한층 더 저주스러운 운명이 기다리고 있었다.

리딕은 적군과 맞닥뜨렸을 때 믿을 수 없는 광경을 보게 된다. 피를 나눈 동생 알루와가 대동맹군의 용병으로 자신들을 향해 칼을 겨누고 있었던 것이다. 어떻게 이런 일이! 리딕은 한숨을 푹 쉬었다. 그리고 고향 루체른 주정청에게 격렬한 분노를 느꼈다.

스위스 용병부대는 주정청이 관리하는 용병부대다. 즉 루체른 주정청은 프랑스에 스위스 용병을 보내면서 동시에 반프랑스 대동맹군에도 용병부대를 팔아넘긴 것이다.

설마 형제가 서로 죽이는 처지가 될 수도 있다는 것을 몰랐단

말인가? 대체 우리는 무엇을 위해 싸우고 있는 건가?

리딕은 모든 게 한심하고 어이없다는 생각이 들자 전의를 상실하고 말았다. 그리고 다가오는 동생에게 소리쳤다. "주정청 놈들만 좋은 일을 시킬 순 없어! 서로 죽이는 이런 말도 안 되는 짓은 그만두자!" 그러나 혈기 넘치는 동생은 "겁쟁이!" 하고 침을 뱉으며 무턱대고 덤벼들었다. 서로 뒤엉켜 싸우다 두 사람의 몸이 떨어졌을 때, 리딕은 자신의 칼이 동생의 가슴을 꿰뚫은 것을 알게 되었다. 동생의 시체가 자신의 발밑에서 굴렀다. 리딕은 고향에 있는 동생의 아내와 그리고 자신들 두 형제의 어머니를 생각하며 망연자실했다.

용병은 고용주에게 그야말로 쓰고 버리는 소모품에 불과했다. 그러므로 용병은 고용주를 가리지 않는다. 보수만 준다면 누구라도 좋았다. 보수는 토지도 아니고 명예는 더더욱 아니다. 오로지 현금뿐이었다. 그리고 군복무가 끝나면 어제까지 적이었던 편에서 다시 일하는 것조차 사양하지 않았다. 권력에 좌우되지도 않았다. 그들은 원래 권력이란 것을 경멸하기 때문에 그런 권력에 자기 인생을 바치는 충성심 따위 가지고 있을 리 없다. 이것이 란츠크네흐트로 대표되는 16세기의 용병이었다. 적어도 란츠크네흐트는 자신들의 비참한 처지를 잊고 싶어, 주인이 따로 없다는 자부심과 각오로 살고 있다는 환상에 빠져 있었다.

그러나 용병들이 그토록 경멸하는 권력은 그들이 미처 깨닫지 못하는 사이에 그들을 꼼짝 못하게 옭아매는 힘을 가지게 되었다. 더구나 그것은 아이러니컬하게도 충성심과는 관계없이 싸워온 용병 자신들 덕분이었다.

강력한 권력은 용병들에게서 '주인이 따로 없다'는 자부심과 각오를 빼앗았다. 고향 주정청의 추악한 돈벌이 때문에 전투에서 형제가 서로 죽이는 짓을 해야 했던 스위스 용병의 비극적인 이야기는 용병다운 기반이 무너졌다는 것을 보여주고 있다.

이제 유럽 용병은 자유전사의 모습은 완전히 사라지고, 거대 권력에 징발되어 어딘가 이국으로 팔려가는 용병노예 같은 양상을 띠기 시작한다.

제11장

용병의 슬픈 역사

최강의 프로이센군을 길러낸 프리드리히 2세

오스트리아 계승전쟁

결국 스페인 왕위계승 전쟁은 루이 14세의 부르봉가가 스페인 왕위를 획득하면서 마무리되었다. 그러나 태양왕 루이 14세의 계속된 영토 확장 정책은 다른 나라들의 반발로 뜻을 이루지 못한 채 유럽의 맹주가 되려던 정책은 꺾이게 되었다. 한편 오스트리아 합스부르크가는 독립 네덜란드를 제외한 스페인령 네덜란드를 손에 넣는 것으로써 부르봉과 합스부르크 양가의 싸움이 중단되는 형태로 끝이 났다.

그리고 이 전쟁의 진짜 승리자는 식민지를 포함한 국제무역의 기반을 굳히기 위해 유럽의 세력균형 정책을 추진해온 영국과 네덜란드였다. 즉 세력균형이 조금이라고 깨질 것 같으면 유럽은 당장 전쟁터가 된다는 의미였다.

대가 끊어진 스페인 합스부르크가의 뒤를 이어 스페인 왕으로 즉위하고, 신성로마 황제 자리까지 병행해 16세기에 카를 5세가 수립한 합스부르크 제국의 부활을 꿈꾸며 스페인 왕위계승 전쟁에서 싸워온 황제 카를 6세는 전쟁이 끝난 지 얼마 되지 않아 이번에는 오스트리아 합스부르크가가 단절되는 위기에 직면했다.

카를 6세(재위 1711~1740)에게는 아들이 없었다. 그래서 황제는 고대 게르만 이래로 여자 상속을 금지한 살리카(Salica)법전을 폐기하고 합스부르크 세습령은 여자도 상속할 수 있다는 상속순위법을 공포해, 장녀인 마리아 테레지아(Maria Theresia, 재위 1740~1780)가 자신의 뒤를 이어 합스부르크를 상속한다며 이를 승인해줄 것을 유럽 열강에 요청했다. 황제의 부탁도 있고 해서 유럽 각국은 아무 말 없이 이에 따랐다.

그러나 1740년 10월 20일 카를 6세가 숨을 거두자, 유럽 각국은 "더 이상 합스부르크가는 존재하지 않는다!"라고 외치며 즉시 오스트리아를 공격했다. 바로 오스트리아 계승전쟁이다.

프리드리히 2세

제일 먼저 공격해온 것은 프로이센 왕 프리드리히 2세(재위 1740~1786)였다. 프리드리히 2세는 왕세자 시절, 성격이 괴팍한 아버지 군인왕 프리드리히 빌헬름 1세와 사이가 좋지 않았다. 아들은 아버지를 몹시 싫어했고, 아버지 역시 철학서와 문학서를 탐독하는 유약한 상속자 아들을 "시원찮은 놈"이라며 욕을 퍼부었다. 아들은 매사에 강압적인 아버지로부터 벗어나려고 국외로 탈출을 시도했다. 그러나 국경 바로 앞에서 붙잡혔다.

군인왕은 크게 진노하여 함께 도망치려 한 아들의 친구를 자신의 검으로 참살했다. 왕세자도 자칫하면 처형될 뻔했지만 간신히 왕세자 자리를 지키게 되었다. 그런데 프로이센 왕가의 이 치열한 부자간 싸움을 중재한 사람이 카를 6세였다. 카를 6세에 의해 왕세자는 살아났고, 부왕이 죽은 후 무사히 프로이센 왕으로 즉위할 수 있었다. 즉 프리드리히 2세는 카를 6세에게 크나큰 은혜를 입었다고 할 수 있다.

카를 6세가 아들을 얻지 못한 채 세상을 뜨고 채 두 달도 안 된 12월 16일, 프리드리히 2세는 2만 명의 군대를 끌고 오스트리아령 슐레지엔(Schlesien)을 기습해 점령했다.

이 '근세 들어 가장 센세이셔널한 범죄'(구치, 영국의 역사가) 이후 프리드리히 2세와 합스부르크의 철의 여제 마리아 테레지아는 서로 상극이 되었다. 두 사람의 대결은 오스트리아 계승전쟁에 그치지 않고 7년전쟁으로 이어져, 유럽을 전란에 휩싸이게 하면서 총 1백만 명의 전사자를 내는 생지옥을 연출했다.

프리드리히 대왕의 군대

그런데 철학서와 문학서에 탐독하던 문약한 사람이 국왕으로 즉위하자마자 은혜를 입은 합스부르크가의 위기를 틈타, 그것도 당시의 군사적 도리에 어긋나는 한겨울에 군사행동을 일으켜 오스트리아의 일부를 강탈한 것이다.

볼테르와 담소를 즐기는 프리드리히 2세

그뿐만이 아니다. 프리드리히 2세는 30년전쟁 말기부터 두각을 나타낸 브란덴부르크(Brandenburg) 선제후 국을 계승한 프로이센 왕국을 무수한 전쟁에서 승리로 이끌며 유럽 제일의 강국으로 올려놓고, 그 자신은 플루트를 연주하고 철학자 볼테르(Voltaire)와 담소를 즐기는 독특한 인물이었다.

이러한 상반되는 두 가지 요소를 갖춘 프리드리히 2세는 그야말로 영웅이라는 호칭이 어울리는 사람이었고, 훗날 그를 대왕이라고 부르는 까닭이다.

당시 프로이센의 인구는 3백만 명이 채 안되었다. 그래도 아버지 군인왕의 부국강병책 덕분에 프리드리히 대왕이 즉위했을 때는 18만 명의 병력이 있었다. 대왕은 이러한 부왕의 유산을 적절하게 운용하여 늘려갔다.

우선 장교들을 철저히 단련시켰다. 외국 국적을 가진 장교가 흔하디흔한 시대에 그는 프로이센 국민만을 장교로 임명했다. 즉 프리드리히 대왕으로서는 장교를 완벽하게 장악하는 것이 무엇보다 중요했던 것이다. 장교만 뜻대로 할 수 있다면 병졸은 프로이센 사람이든 외국인 용병이든 상관없었다.

장교를 복종시키면 프랑스의 루이 14세가 했던 것처럼 이전까지 장교 개인의 사병(私兵)과도 같았던 군대를 대왕 자신의 것으로 할 수 있었다. 그리고 장교들에게서 용병대장 같은 전쟁기업가로서의 일면을 뿌리뽑아 그들을 오로지 군사기술에 정통한 직업군인으로 양성했다. 그렇게 해서 프로이센군은 프리드리히 2세의 휘하에서 막강한 정예 군대가 되어갔다.

물론 그러려면 장교계급을 양성하는 사관학교가 필요했다. 그 점에서 선대 왕은 '군인왕'이라는 별명이 붙을 정도로 허술함이 없었다.

프로이센에는 이미 '유년학교'가 설립되어 있었는데, 더욱이 군인왕이 황태자 시절인 1704년에 설립된 것이었다. 프랑스와 영국에 사관학교가 설립된 것이 각각 1776년과 1747년인 것에 비하면 상당히 빠른 시기였다. 프로이센이 단시간 내에 군사대국이 될 수 있었던 점도 여기에 그 원인이 있었다. 참고로 유럽 최초의 사관학교는 마우리츠의 네덜란드 군제개혁을 도왔던 지겐(Siegen) 제후 요한이 1616년에 설립한 지겐 사관학교가 그 효시이다.

프리드리히 대왕은 조부와 아버지가 물려준 사관학교를 충실히 발전시켜 대왕에게 절대충성을 맹세하는 수많은 우수한 장교를 양성했다. 그리고 프로이센 장교들은 대왕의 적극적인 후원과 숙련된 군사 지식으로 연대와 중대 내에서 절대적 권한을 가졌다. 그들은 가죽채찍을 휘두르며 병사들에게 복종과 혹독한 훈련을 시켰고 이렇게 해서 기계 같은 군대를 만들어냈다.

또한 대왕은 경무장 기병대의 육성에 심혈을 기울였다. 다른 나라의 기병이 고작해야 7백 미터를 질주하는 데 비해 프로이센 경무장 기병중대는 단숨에 1천8백 미터나 앞질러 가 선제공격을 할 수 있었다. 중대마다 간격을 두지 않고 단숨에 공격하고 전광석화처럼 습격했다. "공격을 당해 절반 가량이 참호나 구덩이로 떨어져 목뼈가 부러졌지만 그래도 전진해야만 했다. 멈추면 후속 부대에 당하기 때문이다." 훗날 독일군이 자랑하는 돌진력은 여기에서 그 원형을 찾을 수 있었다.

프로이센군의 병사 사냥

하지만 이처럼 단련된 유럽 제일의 정예군대에게 이상한 점이 있었다. 우선 야습을 하지 않았다. 행군 중의 숙영지는 숲 근처를 피하고 들판 한가운데를 선택했다. 숲 속을 진군할 때는 보병들의 양옆에 경무장한 기병을 배치했다. 이삼백 미터 앞의 정찰을 위해 척후병을 파견하는 일도 하지 않았다. 전투에서 승리한 후 낙오병들을 닦달하지도 않았다. 그 이유는 왜일까?

답은 간단하다. 이 모두가 병사들의 탈주를 막는 수단이었다. 즉 용맹을 자랑하는 프로이센 군대의 최대 약점은 병사들의 탈주였다.

프로이센군 병사들은 대부분이 프로이센 국민이 아니었다. 프로이센에도 징병제도가 없었던 것은 아니다. 하지만 프로이센의 시민과 농민들은 대왕을 위해 목숨을 바칠 마음이 없었고, 또한 대왕으로서도 프로이센인에게 군복무를 시키려면 그만큼 세금을 경감시켜줘야 해서 외국인 용병을 쓰는 편이 훨씬 싸게 먹혔기 때문이었다. 그런데 독일 제후국을 비롯해 외국에서 그렇게 대량으로 프로이센군에 지원하려는 사람이 있을 리가 없다. 그래서 프로이센 특유의 폭력적인 모병이 행해지는 것이다.

모병관의 사탕발림에 넘어가거나 술에 취했다가 정신을 차려보면 이미 프로이센 병사가 되었다는 사례는 그래도 나은 편이었다.

한 농민이 재배한 농작물을 팔러 거리로 나섰다. 그러나 길을 가던 그 남자는 홀연히 사라져 행방불명이 되었다. 수개월 후 한 마을에 살던 여자가 행군하는 프로이센 병사들 속에서 모든 것을 포기한 듯 초췌한 얼굴로 걸어가는 그 농민을 발견했다.

이런 일은 얼마든지 있었다. 어찌됐든 프로이센 모병관의 수법은 잔인 그 자체였다. 그들은 목적 달성을 위해 유괴, 납치감금, 사기, 음모, 폭력 등 수단을 가리지 않았다. 프로이센 영내에서 충분하지 않으면 다른 나라로 가서 병사로 쓸 만한 남자들을 유괴해 프로이센 군대에 집어넣은 것이다. 심지어는 바로 어제까지 독일 제후국의 근위병이었던 자가 오늘은 프로이센군에 강제로 입대당하는 경우도 있을 정도였다. 그 때문에 프로이센 군대는 온갖 나라 사람들로 이루어진 혼합 집단이 되었다.

그렇게 납치되어 강제로 입대하게 된 병사들 앞에는 가죽채찍을 쥐고 위협하는 장교들과 엄격한 규율과 혹독한 군사훈련이 기다리고 있었다. 그래서 병사들은 끊임없이 탈주의 기회만 엿보게 되었고, 그러한 병사들을 감시하는 것이 경무장 기병중대였다. 프리드리히 대왕이 자랑하는 경무장 기병대는 전원 지원병으로 구성되었다.

그야말로 강제연행, 강제노동, 용병노예, 병사 사냥 그 자체였다. 이러한 일이 가능했던 것이야말로 프로이센 국왕에게 권력독점이 진행되어 절대주의가 확립됐다는 증거이기도 했다.

이러한 전제정치 하에서 용병들에게는 자유전사로서의 자부심은 조금도 찾아볼 수 없었고 탈주를 시도하든가, 아니면 프로이센군이라는 거대 기계의 부품이 될 수밖에 없었다.

그런데 프로이센군의 이러한 강제 모병 행위들은 대왕의 아버지 군인왕의 거인부대 편성에서 비롯되었다고 할 수 있다.

군인왕은 거인이라고 할 만큼 건장한 사내 2백 명을 자신의 근위병으로 두고자 집념을 불태웠다. 무조건 거인이면 되고 군사적 자질은 이차적 문제였다. 그 무렵 독일 제후는 프랑스 루이 14세의 방식을 따라 근위병을 가까이에 두었는데, 그 비용을 순수한 군사비라기보다 치장하는 비용으로 여길 만큼 근위병은 제후의 허영을 위한 존재였다. 군인왕 또한 자신의 허영을 위해 수단을 가리지 않았다. 영지 내에 적당한 남자가 없으면 다른 영지에서 잡아오라고 모병관에게 명령했다. 모병관들은 키 큰 남자를 포획할 도구까지 고안해 거인들을 부지런히 모아 군인왕에게 제공했다. 이렇게 해서 모아 온 거인들에게 군인왕은 몸소 군사훈련을 전수하는 기쁨에 도취되었다. 또한 근위병의 초상화를 그리게 해서 그것을 침실에 걸어두고, 잠에서 깨면 곧바로 볼 수 있게 했다는 기이한 취미를 가지고 있었다.

프리드리히 대왕의 모병 방식은 그 자신이 그토록 싫어했던 아버지의 방식을 그대로 답습한 것이었다. 하지만 대왕에게는 아버지처럼 상식에서 벗어나는 점은 조금도 없었다. 다만 대왕은 아버지보다 훨씬 악독했을 뿐이다. 대왕은 강제적으로 끌어모은 병사들을 소나 말처럼 부려서 유럽의 세력지도를 다시 그려갔을 뿐이다. 그러는 한편으로 "나는 국가 제일의 머슴이다"라고 태연히 말하며 플루트를 연주하고 독서에 빠졌다. 프리드리히는 지독히도 냉혹하고 비정한 대왕이었던 것이다.

그런데 그 즈음, 사람을 사람이라고 생각하지 않는 프리드리히 대왕조차도 "만일 방백(方伯)이 우리 학교의 졸업생이었다면 영민들을 마치 가축을 팔듯 영국에 팔아넘겨 전장으로 끌고가는 짓은 하지 않았을 것이다. 이는 제후 한 사람의 사악한 성격에 기인한 것이다. 이러한 거래는 더러운 이기심으로 발생했을 뿐이다. 나는 아메리카에서 자신들의 생명을 불행하고 무의미하게 끝낼 수밖에 없게 된 헤센(Hessen)인들을 가엾게 생각한다"라고 말할 정도의 사태가 독일 제후국 안에서 일어난다.

그것은 그야말로 독일 용병의 슬픈 역사였다.

아메리카로 팔려간 독일 용병

어느 독일 대공(大公)의 애첩 밀포드 부인 저택의 침실.

대공의 늙은 하인이 대공의 심부름으로 베네치아에서 막 도착한 보석을 전해주러 왔다. 부인은 너무나도 아름다운 보석에 말문이 막혀, 대체 영주님은 얼마를 주고 이것을 샀는지 늙은 하인에게 묻는다.

하인은 "한푼도 내지 않았습죠" 라고 말하고 경탄하는 부인에게 그 계략을 들려주었다.

"어제 7천 명의 영민들을 아메리카로 보냈습죠. 그래서 계산이 끝난 것입죠."

사태가 이해되지 않았던 부인은 초조하게 방안을 왔다갔다하다 늙은 하인의 눈에 눈물이 맺히는 것을 발견했다.

"무슨 일이 있느냐? 왜 우는 거지?"

하인은 눈물을 닦으면서 떨리는 목소리로 "모두가 이 보석처럼 소중한 인간입니다. 한데 제 아들 역시 끌려갔습죠" 라고 조용히 말했다.

"하지만 모두 강제로 보내진 것은 아니겠지…" 하고 부인은 자신을 위로하듯 자신 없는 목소리로 중얼거렸다.

그러자 하인은 분노의 웃음소리를 내면서 이렇게 말했다.

"아니요, 천만에요, 그런 일은 없습죠. 누구나가 기꺼이 떠났습죠. 하긴 건방진 놈들 몇 명이 대열 앞으로 나가 영주님이 사람 한 쌍에 얼마를 받고 팔았는지 연대장에게 묻는 자도 있었습죠. 그러자 영주님의 명령으로 모든 연대가 연병장에 정렬해 그 주제도 모르고 나선 놈들을 총으로 쏘아 쓰러뜨렸습죠. 철포 소리가 울려퍼지고 뇌수가 길바닥 위 사방으로 흩어졌습죠. 그러자 전군이 외쳤습죠. 만세! 아메리카로 진격!"

프리드리히 실러(Friedrich von Schiller, 1759~1805)의 희곡 〈간계

와 사랑〉 제2막 2장의 한 장면이다.

 7년전쟁은 유럽 열강이 오스트리아-프랑스-러시아 연합과 프로이센-영국 연합으로 나뉘어 싸운 전쟁이다. 여기서 눈길을 끄는 것은 여왕 마리아 테레지아가 이끄는 오스트리아 합스부르크가가 우호국 영국과 결별하고, 오랫동안 숙적이던 프랑스 부르봉가와 손을 잡았다는 사실이다. 이것이 이른바 '동맹국의 재편'이다.

 한편 영국은 대륙정책을 변경해 프로이센 지지로 돌아섰는데, 어차피 영국에게 있어서 전장은 유럽이 아니라 북아메리카였다. 즉 이 전쟁은 프랑스를 상대로 하는 식민지 전쟁이었던 것이다. 그러므로 영국에서는 7년전쟁을 **프렌치 인디언 전쟁**이라고 부른다.

> **■■■**
> **프렌치 인디언 전쟁**
> 7년전쟁 때 북아메리카 대륙에서 일어났던 영국과 프랑스 간의 식민지전쟁(1754~1763). 영국군이 중요한 전투에서 승리를 거두며 몬트리올과 뉴프랑스 지역을 함락시켰다. 1763년 파리조약에 의해 영국은 프랑스로부터 케이프브래든 섬과 미시시피강 동쪽의 프랑스령을 확보했다.

 프렌치 인디언 전쟁은 결국 영국의 압도적인 승리로 끝나고 프랑스는 북아메리카의 영토를 잃게 되었다. 승리한 영국도 피해가 없었던 것은 아니다. 막대한 전쟁비용 때문에 국가재정이 위기에 처한 것이다. 영국은 그 손실을 메우기 위해 식민지 아메리카에 온갖 세금을 부과했다. 그러자 아메리카 각주는 격렬하게 반발했고 급기야는 본국 영국에 반기를 들고 아메리카 독립전쟁(1775~1783)을 일으켰다.

 프렌치 인디언 전쟁처럼 프랑스 상대의 국지전이 아닌 독립 13개 주를 상대로 한 전면전이었다. 당시 해군국으로서 명성을 떨치고 있던 영국은 그만큼 육군이 약했다. 그래서 영국은 독일 각 제후국에게서 진압군을 보충하려고 한 것이다. 실러가 자신의 희곡에서 그 실상을 묘사한 독일 용병의 슬픈 역사의 시작이다.

실러는 어디까지나 희곡 속에서였지만 독일 제후 중에는 애첩에게 보석을 선물하기 위해 7천 명의 영민을 영국에 팔아치운 자가 있다고 비난하고 있는 것이다. 애첩에게 줄 보석의 대가를 7천 명의 목숨과 바꾼다는 것은 조금 과장됐겠지만, 분명 이와 비슷한 짓을 아무 거리낌 없이 자행하는 제후가 있었다.

프리드리히 대왕이 '더러운 이기심'이라고 말한 헤센카셀(Hessen-Kassel) 방백 프리드리히 2세이다.

횡행한 병사 사냥

브라운 슈바이크	5,723
헤센·카셀	16,992
헤센·하나우	2,422
안스바흐 바이로이트	2,353
발데크	1,225
안할트·체르프스트	1,152
합계	29,867

8년간 계속된 아메리카 독립전쟁이 한창일 때 독일 제후가 영국에 팔아넘긴 용병의 숫자이다. 헤센·카셀 방백가의 숫자가 특히

많은 것을 알 수 있다. 그것은 방백 프리드리히 2세가 그 당시 영국왕 조지 3세(재위 1760~1820)의 종형제라는 개인적인 이유 때문만은 결코 아니었다.

영내에 이렇다 할 산업도 없고 40만 가까운 농민만이 있을 뿐인 헤센·카셀 방백가에 있어서 영민의 외국 용병 파견은 말하자면 대대로 이어지는 가업이었다.

영국을 상대로 한 이번 장사에서 방백은 병사 한 사람당 30크로네, 또는 7파운드 4실링, 기타 보조금을 합쳐 총 45만 크로네를 챙겼다. 그렇다고 이 돈 덕분에 방백령 내의 세금이 줄어든 것도 아니었다. 모두 방백가의 호사스러운 생활에 쓰인 것이다.

30년 후, 헤센·카셀 방백가를 추방한 나폴레옹은 "헤센·카셀 방백가는 오랫동안 영민을 영국에 비싼 값에 팔아넘겼다. 그리고 막대한 부를 쌓았으면서도 이 가문의 탐욕은 그칠 줄 몰랐고, 이것이 이 가문을 몰락시킨 원인이 됐다"라고 적고 있다.

어쨌든 방백가는 영국으로부터 돈을 벌어들이기 위해 병사 사냥을 시작했다. 노숙자, 외국인 직인, 거리의 예술인, 집시, 술주정뱅이, 도벌꾼, 길거리 악사 등을 노렸다. 또한 감옥, 정신병원, 술집을 샅샅이 뒤졌고 상품이 부족하면 민가에 잠입해 유괴해오는 짓도 서슴지 않았다.

그리고 납치한 병사들을 수송할 때는 탈주를 막기 위해 모든 수단이 동원되었다. 총과 칼로 위협하면서 병사들을 걷게 하고, 병사들이 살았던 도시나 마을은 피했으며, 숙소도 정해진 곳에서만 묵었다. 숙소 안에서는 병사들의 옷을 벗겼으며, 식사할 때는 벽을 향해 앉도록 했고 밤에도 불을 켜 놓은 채 자게 했다.

이렇게 해서 아메리카에 보내진 독일 용병의 합계 2만9천867명 중 1만2천554명은 다시는 독일로 돌아가지 못했다. 그 원인 중 하나가 독립군 총사령관 조지 워싱턴(1732~1799)의 교묘한 탈주권유 작전 때문이었다.

워싱턴은 독일 용병에게 탈주자에게는 50에이커의 토지, 40명을 데리고 탈주한 중대장에게는 8백 에이커의 토지와 젖소 네 마리, 씨받이소 1마리, 암소 2마리, 돼지 4마리를 주겠다고 약속했다. 게다가 탈주 후에는 독립군에게 억지로 가담할 필요도 없다, 가담하면 계급이 올라가고 주둔지 근무라 실제 전투에 투입되지 않는다, 라며 크게 선전했다. 이는 어느 정도 효과가 있었지만 그러나 두 번 다시 독일 땅을 밟을 수 없었던 1만2천554명의 독일 용병 대부분은 역시 전사했다.

이 같은 독일 용병의 슬픈 역사가 서려 있는 아메리카 독립전쟁은 독립군의 승리로 돌아갔고 드디어 1783년 아메리카 합중국이 탄생했다. 그리고 이 신세계에서 싹튼 혁명정신은 구세계 유럽에까지 전해져 **프랑스 대혁명**(1789~1794)을 일으키는 도화선이 되었다. 이것은 유럽의 기본적인 군사제도였던 용병제의 종말을 가져오는 사건이었다.

■■■
프랑스 대혁명
1789년 7월 14일~1794년 7월 27일에 걸쳐 일어난 시민혁명. 인구 2%의 귀족층이 권력과 부를 독점하는 구제도(앙시앵 레짐)의 불합리함과 루이 14세부터 시작된 재정파탄은 루이 16세에 이르러 극에 달했고 결국 파리 시민들이 봉기함으로써 혁명이 시작되었다.

제12장
살아남은 용병

외인부대 창설에 관한 칙서를 공표한
프랑스의 마지막 왕 루이 필리프

국민군의 탄생

"이날 여기에서 세계사의 새로운 시대가 시작된다."

대문호 괴테가 한 말이다.

프랑스 대혁명에 이은 나폴레옹 전쟁이라는 유럽 역사상 최고의 격동기를 시인의 냉철한 시각으로 지켜본 괴테에게 있어서 '세계사의 새로운 시대'의 개막이란 삼제회전(三帝會戰)이라 불리는 아우스터리츠(Austerlitz) 전투도 아니고, 트라팔가르(Trafalgar) 해전도 아니고, 워털루(Waterloo) 전투도 아니었다.

괴테가 말하는 '이날'이란 1792년 9월 20일이고, '여기'란 프랑스 중북부 상파뉴 지방의 동쪽 끝에 있는 발미(Valmy)였다.

'이날'에서 정확히 5개월 전인 4월 20일, 혁명정권인 프랑스 입법의회는 오스트리아에 선전포고를 했다. 이를 빌미로 당초 중립을 취하던 프로이센이 오스트리아와 동맹을 맺었다. 이때 루이 16세는 여전히 프랑스 왕위에 있었다. 그러나 루이 16세는 자신의 이름으로 선전포고한 상대국, 오스트리아-프로이센 동맹군과 내통해 계책을 세우려 했다.

이에 부응해 동맹군 총사령관 브라운슈바이크(Braunschweig) 공작은 국왕 루이 16세를 해치려는 음모가 발각되면 파리 시가지를 파괴하겠다는 성명을 발표했다. 이는 혁명 프랑스에 대한 유럽 각국들의 명백한 내정간섭이고 프랑스혁명을 무너뜨리려는 의도였다.

7월 11일, 프랑스 입법의회는 "조국은 위기에 처해 있다"는 선언을 채택했다.

루이 16세는 브라운슈바이크 공작의 성명대로 오스트리아-프로이센 동맹군을 파리로 끌어들이려고 끊임없이 혁명세력을 자극했다. 1792년 8월 10일, 급기야 혁명세력은 이 계략에 넘어가 일제히 들고 일어났다. 민중을 중심으로 한 혁명세력은 왕이 사는 튈르리 궁전으로 돌격했다. 왕을 지키려는 스위스 용병 근위대는 용감하게 싸웠지만 엄청난 수적 열세를 극복하지 못했다. 입법의회는 루이 16세의 왕권을 정지하고 새로이 국민공회의 소집을 결의했다.

이때 튈르리 궁전을 지키던 스위스 근위병은 최후의 한 명까지 싸우다가 모두 전멸했다. 그리고 열흘 후 프랑스에 상주하던 스위스연대 4만 명의 병사가 해고되었다. 약 3백 년에 걸쳐 프랑스군의 중추를 담당한 스위스 용병부대가 프랑스에서 사라지는 순간이었다.

사라진 것은 스위스 연대만이 아니었다. 혁명을 싫어한 국왕군의 많은 장군과 장교들이 망명을 했다. 그러는 사이 오스트리아-프로이센 동맹군은 진군을 계속했다.

물론 동맹군의 주력은 용병군이었다. 총사령관 카를 빌헬름 페르디난트(Karl Wilhelm Ferdinand) 브라운슈바이크 공작은 아메리카 독립전쟁 때, 영민 5천723명을 영국에 용병으로 팔아넘긴 브라운슈바이크 공작가의 영주이자 그 자신이 이번에는 오스트리아-프로이센 동맹의 용병대장 같은 것이었다.

오스트리아-프로이센 동맹군은 수많은 장군과 장교들을 망명으로 잃은 프랑스 혁명군을 물리치고 8월 23일에는 롱위(Longwy)를, 9월 2일에는 베르댕(Verdun)과 프랑스군의 거점을 잇달아 함락시켰다. 동맹군을 해방자로 환영한 왕당파는 별개로 하고, 혁명세력에게 있어서 그야말로 '조국은 위기에 처해 있다'고 받아들였던 것이다. 그리고 '이날'을 맞이했다.

즉 '이날' 프랑스혁명 세력은 절체절명의 위기에 있었다. '여기' 발미에서 동맹군의 공격을 맞이한 혁명군은 장교를 비롯해 아마추어 집단에 불과했고, 루이 16세의 의도대로 혁명은 그야말로 무너지기 일보 직전이었다.

프리드리히 대왕 이후로 전통을 자랑하는 프로이센군의 선봉부대가 퇴각하는 혁명군 켈레르만(Francois-Christophe Kellermann) 중장의 군단을 공격했다. 켈레르만은 혁명군 북부사령관 뒤무리에

(Charles-Francois du Perier Dumouriez)군의 원조를 받아 어떻게든 버텼다. 전선은 기병과 보병 모두 전진하기도 힘든 격렬한 포격전이 되었고 전투는 교착상태에 빠졌다. 그러자 프로이센군은 포격을 배로 늘려 보병과 기병을 돌입시키려고 했다.

그때 혁명군 속에서 갑작스레 "프랑스 국민 만세!"라는 소리가 들려왔다. 그것은 "프랑스 국왕 만세!"가 아니라 틀림없이 "프랑스 국민 만세!"였다.

외침소리는 순식간에 프랑스 전군으로 퍼져나갔다. 프랑스군 병사들은 이때 처음으로 '조국 아니면 죽음'을 의식한 것이다. 이렇게 해서 유럽 역사상 최초의 '국민군'이 탄생했다. 즉 이때부터 프랑스의 전쟁은 왕가에 의한 왕조전쟁이 아닌 국민전쟁이 된 것이다. 동시에 그것은 용병부대의 종언을 의미하는 것이기도 했다.

프랑스 국민군의 분투로 오스트리아-프로이센 동맹군 총사령관 브라운슈바이크 공작은 공격을 포기했다. 이 전투에서 적어도 프랑스 국민군 3만6천명 중 3백 명이, 동맹군 3만4천 명 중에서 2백 명이 전사했다. 딱히 어느 쪽이 승리를 거두었다고 말할 수 없는 숫자이다. 그러나 보급로의 확보가 어려워진 동맹군은 퇴각할 수밖에 없었다.

그것은 가까스로 이긴 전쟁이지만 프랑스 국민군의 승리였다. 프랑스는 혁명 이래 첫승리를 거둔 것이다. 돈 때문이 아니라 조국을 지키기 위해 싸우는 국민군이 황제나 왕의 용병부대를 이긴 셈이다. 동맹군에 참가했던 주군 바이마르 공작의 수행원으로서 그 격렬한 포격전 현장에 있었던 괴테의 혜안은 그 의미를 놓치지 않고 "이날 여기에서 세계사의 새로운 시대가 시작된다"라고 간파한 것이다.

'조국이 아니면 죽음을'

프랑스혁명 세력은 1792년, 세계사의 새로운 장을 연 눈부신 승리의 날에 즉시 국민공회를 소집하고 제1공화정을 선언했다. 그리고 이듬해인 1793년 8월에는 18~25세까지의 청년을 동원하는 '인민 총징병법'을 통과시켜 백만 대군을 편성했다. 발미 전투에서 탄생한 국민군이 제도로써 확립된 것이다.

그후 '조국이 아니면 죽음을'이라는 정신을 가슴속에 새긴 채 국민군은 혁명전쟁에서부터 **나폴레옹 전쟁** 초기에 걸쳐 유럽 각국 국왕의 사병, 즉 상비군 같은 용병군을 상대로 연전연승을 거두었다.

그러나 혁명의 영웅 나폴레옹이 스스로 황제가 되어 프랑스가 국민의 손에서 떠나 보나파르트 왕조의 것이 되자, 프랑스 국민군은 황제 나폴레옹 휘하의 침략군으로 그 성격이 바뀌어갔다. 즉 프랑스의 국민전쟁은 어느새 보나파르트가 주도하는 왕조전쟁으로 변질되어버린 것이다. 하지만 나폴레옹에게 침략당한 국가들 입장에서는 나폴레옹과의 전쟁

> **나폴레옹 전쟁**
> 1797~1815년 프랑스혁명 당시 프랑스가 나폴레옹 1세의 지휘하에 유럽의 여러 나라와 싸운 전쟁을 총칭한다. 처음에는 프랑스 혁명을 방위하는 전쟁의 성격을 띠었으나, 차차 침략적인 것으로 변하여 나폴레옹은 유럽 각국과 60회나 되는 싸움을 벌였다.

은 오히려 국민전쟁이 되었다. 나폴레옹 점령하에서 독일의 철학자 피히테(Johann Gottlieb Fichte)가 〈독일국민에게 고함〉이라는 애국적인 강의에서 조국 방위를 호소한 것이 그 좋은 예이다. 그리고 나폴레옹 전쟁 기간 동안 왕조전쟁이 되어버린 프랑스 측에서 징병 기피자가 현저하게 증가했다.

나폴레옹은 황제 자리에 오른 1년 후인 1805년, 그때까지 '인민총징병법'을 거쳐 공식적으로 제도화시킨 징병제도의 복잡한 운용을 바꿔 새로운 징병제를 실시했다.

우선 징병할 대략적인 숫자를 각 지역에 할당하면 각 지역 담당자들은 징병 적령자 중에서 제비뽑기로 정해진 인원수를 선발한다. 예전 발미전투가 한창일 때 "프랑스 국민 만세!"라고 외쳤던 프랑스 국민들은 병사를 제비뽑기하는 이런 방식을 두고 '사람 잡아먹는 법'이라며 격렬한 거부 반응을 보였다.

점차 징병 기피자가 늘어나고 그러면 병역 대신 돈을 내는 사람이 나오게 마련이다. 이대로 가면 용병의 부활로 이어지지 않을까 싶었다.

그러나 제정 말기인 1811년부터 3년간 1만 명 이상의 징병 기피자와 그 배나 되는 수의 탈주병이 나왔다. 이러한 사실이 프랑스의 상비군 같은 용병군의 부활을 막았다고도 할 수 있다.

프랑스 국민들의 자발적인 참여로 탄생된 국민군이 황제 나폴레옹의 사병(私兵)이 되는 것을 거부했다는 사실은 프랑스 국민들에게 "전쟁이란 프랑스라는 국가의 전쟁이어야 한다"는 것을 의미한다. 나폴레옹의 침략전쟁은 조국방위를 위한 전쟁이 아니었다.

가혹한 징병제를 실시해 프랑스를 진흙탕 전쟁으로 끌어들인 나폴레옹은 결국 프랑스 국민에게 배척당하고 비참한 패배자의 말로를 맞이했다.

나폴레옹이 패배한 주된 이유는 프랑스혁명이 유럽 각국으로 번져나갈 것에 공포를 느낀 유럽 각 군주국의 대동단결 때문이 아니었다. 프랑스 국민들은 나폴레옹이 이끄는 전쟁을 프랑스 국가의 전쟁으로 보지 않았기 때문이다. 프랑스 국민의 징병 기피와 탈주가 그것을 잘 말해주고 있었다. 결국 나폴레옹은 쓰러졌다. 이후 프랑스 사회에서 상비군 같은 용병부대가 국민군을 대신하는 일은 끝까지 없었다.

'피의 수출' 금지

혁명 프랑스에 국민군이 탄생했다고 해서 당장 유럽에서 용병부대가 사라진 것은 아니다.

프랑스 이외의 나라에서는 여전히 용병이 군대의 한 부분을 담당했고, 스페인에는 스위스 용병부대가 6개 연대나 존재하고 있었다. 또한 **트라팔가르 해전**(Battle of Trafalgar)에서는 수많은 독일 용병 수병이 영국의 넬슨(Horatio Nelson, 1758~1805) 제독 휘하에서 싸웠다. 또한 이 해전

■■■
트라팔가르 해전
나폴레옹 전쟁 기간 중인 1805년 10월 21일, 넬슨이 이끄는 영국해군이 프랑스-스페인 연합함대를 격파하며 승리를 거둔 해전. 스페인 남서쪽 트라팔가르에서 영국 왕립 해군 27척이 프랑스-스페인 연합함대 33척을 기습했다. 그 결과 연합함대는 22척을 잃었지만 영국은 단 1척도 잃지 않았다. 다만 영국측 넬슨 제독이 전사했고 이후 영국이 제해권을 확립했다.

에서 프랑스 함대에는 티롤 용병이 타고 있었다. 그래서 트라팔가르 해전에서 넬슨 제독의 목숨을 빼앗은 총탄은 어쩌면 티롤 용병이 쏜 것일지도 모르겠다.

스위스 서약동맹은 시계산업이라는 지역 특유의 산업이 발전해 고용 기회가 크게 증가했음에도, 예전에 비하면 그 수는 꽤 줄었지만 그래도 여전히 용병을 각국에 팔아넘기고 있었다. 그것은 용병산업의 이익 대부분이 스위스 특권계급인 도시 귀족의 손에 들어갔기 때문이다. 그들은 이러한 이권에서 결코 손을 떼려고 하지 않았다. 그런데 1859년, 이탈리아 통일을 놓고 오스트리아 제국군과 프랑스 제2제정-사르데냐(Sardegna) 왕국 연합군이 격돌한 솔페리노 전투(1859)가 전환점이 되었다.

이 전쟁은 앙리 뒤낭(Jean Henry Dunant, 1828~1910, 국제적십자 창시자. 1901년 제1회 노벨평화상 수상) 등이 국제적십자를 창설하게 할 정도로 치열한 전투였다. 양군 합쳐서 26만 명의 병사들이 투입되었고, 총 8백 문의 대포가 동원된 이 참혹한 전투에서 연합군에 고용된 스위스 용병부대는 유례없는 많은 전사자를 냈다.

수많은 동포들이 피 흘리는 것을 목격한 스위스 용병부대는 급기야 반란을 일으켰다. 이를 계기로 스위스는 외국의 정규군 이외의 군복무를 금지했다. 그러나 정규군, 비정규군을 막론하고 외국군대에서의 모든 군복무를 금지시킨 것은 제1차 세계대전이 끝나고 10년 후인 1927년의 일이었다. 15세기의 부르고뉴 전쟁부터 시작됐던 스위스 용병산업, 즉 '피의 수출'은 약 4백년이 지나서야 피로 얼룩진 비참한 역사의 막을 내렸다.

그러나 이러한 스위스의 경우는 예외적인 것으로, 1792년 9월 20일 발미 전투에서 프랑스 혁명군이 '프랑스 국왕 만세!'가 아니라 "프랑스 국민 만세!"라고 외치고, '조국 아니면 죽음을'이라고 처음으로 각성한 것은 괴테의 말처럼 세계사의 새로운 개막이었다.

프랑스혁명이 외국 세력에 의해 위기에 처해 있을 때 프랑스 국민을 눈뜨게 한 국민의식이 이번에는 나폴레옹 군대의 압제에서 빠져나오려는 유럽 각국의 국민전쟁을 통해 순식간에 전 유럽으로 확산되었다.

"더 이상 오를 데가 없는 자는 반드시 내려오기 시작한다"는 법칙대로 권력은 국왕의 자리에서 점점 낮은 곳으로 내려오기 시작했다. 그리고 권력은 마침내 국민에게로 주어졌다. 19세기 내셔널리즘(민족주의)의 탄생이다.

그때 놀라울 정도로 수많은 국민들이 '조국을 위해서 죽는다'는 의미를 받아들이게 되었다. 고대 오리엔트 이래 유럽의 가장 기본적인 군사제도였던 용병제도는 이렇게 해서 각국 국민군에게 배척되어갔다.

프랑스 외인부대의 탄생

그러나 역사는 그렇게 선명하게 나아가는 것은 아니다. 오늘날 환경 문제의 최대의 적이 편리함과 싼 가격인 것처럼, 싼 값에 간단히 쓰고 버릴 수 있는 용병부대의 수요가 이 지구상에서 완전히 사라질 리 없다.

아이러니컬하게도 국가로서 용병부대를 정식으로 부활시켜 채용한 것은 국민군을 최초로 탄생시켰던 프랑스였다.

1831년 3월 10일, 프랑스 국왕 루이 필리프(Louis Philippe, 재위 1830~1848)는 외인부대 창설에 관한 칙서를 공표했다. 한해 전 7월 혁명(1830년 파리에서 일어난 부르주아 혁명)으로 샤를 10세를 몰아내고 왕좌에 오른 루이 필리프 시대는 극도로 혼란한 시대였다. 유럽 각국에서 내란이 일어나 망명객들이 프랑스로 몰려들었다. 사회는 불안했고 알제리에서는 식민지 전쟁이 계속되고 있었다. 하지만 본국의 군대를 파견하기에는 불안한 상황이었다.

이때 벨기에의 모험가이며 국왕의 총애를 받고 있던 '라크로와'라는 인물이 국왕에게 기발한 제안을 했다. 바로 골치아픈 망명객, 도피자들, 부랑자들 그리고 군대가 해체되어 불만에 차 있던 군인들을 모아 '외인부대'를 만들어 알제리로 보내 싸우게 한다는 것이었다. 말하자면 이 부대의 당초 목적은 당시 프랑스가 손에 넣은 식민지 알제리의 점령 정책을 위해서였다.

그런데 프랑스 정부는 왕위계승 문제로 '카를로스당의 내란'을 일으킨 스페인 왕에게 80만 프랑을 받고 외인부대를 팔아넘겼다. 팔려나간 외인부대 4천 명 중 내란이 끝나고 다시 프랑스로 돌아온 사람들은 불과 5백 명뿐이었다.

그후 외인부대는 왕제, 제1공화제, 제정, 제2공화제 순서로 프랑스의 체제 변화 속에서도 부대로서 유지되었고 수많은 전투에 참가했다. 다만 그것은 보조부대나 특수부대 역할뿐이었다. 즉 프랑스 정규군 입장에서 보면 외인부대는 어디까지나 쓰고 버리는 부대에 불과했다. 분명 솔페리노 전투의 개선 페레이드에서 처음으로 외인부대는 그 낯익은 캐피 블랑(하얀색 군모)을 쓰고 분열

캐피 블랑을 쓴 프랑스 외인부대

행진을 함으로써 그 존재를 인식시킨 듯했지만 프랑스 군 내부에서는 여전히 차별 대상이었다.

아프리카에 주둔하는 외인부대 병사들은 병사인 동시에 도로 공사장의 인부이기도 했다. 낮에는 뜨겁고 밤에는 격심한 추위 속에서 병사들은 전투가 없을 때는 카빈총을 옆에 두고 도로 공사에 종사했다. 프랑스 정규군은 절대 그런 일을 하지 않는다. 그래서 외인부대를 지휘하며 주로 알제리 전선에서 싸웠던 프랑스인 장군들은 '아프리카 촌놈'이라고 멸시당하며 군의 핵심에서 늘 밀려났다.

차별받는 자가 목숨 걸고 싸우는 전투는 대체로 처절해서 비극으로 끝나는 경우가 많다. 그 예가 **멕시코 간섭전쟁**과 인도차이나와 마다가스카르(Madagascar) 침공 작전이다.

프랑스 외인부대에는 신화적인 전투들이 많다. 그 중에서도 1837년의 '콩스탕틴' 전투와 1863년의 '카메론' 전투는 외인부대 정신을 잘 보여준다.

■■■
멕시코 간섭전쟁
1861~1867년 프랑스 나폴레옹 3세의 멕시코 원정. 아메리카 대륙에 가톨릭 제국을 수립하려는 야심을 품고 있던 나폴레옹 3세는 프랑스군을 멕시코에 진군시켜 멕시코시티를 점령, 1864년 오스트리아의 막시밀리안 대공(大公)을 황제로 삼아 멕시코 제국을 수립하였다. 그러나 멕시코 대통령 후아레스가 지휘하는 혁명군의 격렬한 저항을 받은 데다 먼로주의에 입각한 미국의 항의 등으로 프랑스군은 철수하고 원정은 실패로 끝났다.

콩스탕틴 전투에서 외인부대의 대령 밀셸 콤은 가슴에 두 군데나 치명상을 입었지만 승리의 낭보를 전하기 위해 여단 본부에 들어섰다. 그는 여단장에게 보고를 시작했다. 보고를 받던 여단장이 대령의 말을 막고 물었다.

"그런데 대령, 귀관은 부상을 입었군, 안 그런가?"

대령은 부동자세로 눈 하나 깜짝하지 않고 대답했다.

"저는 전사했습니다."

다음날 대령은 심한 상처로 인해 전사하고 말았다.

프랑스 제2제정을 연 나폴레옹 3세는 멕시코혁명 때 유럽 열강이 저마다 자국의 이익을 지키기 위해 벌인 멕시코 간섭전쟁(1861~1867)을 주도했다. 멕시코 파견군의 총사령관은 '아프리카 촌놈'인 파젠 원수이고 외인부대도 다수 투입되었다. 하지만 외인부대는 장비도 빈약하고 어디까지나 파견군 본대의 별동대 취급을 받았다.

1863년 4월 30일 당쥬 대위가 이끄는 60명의 외인부대는 멕시코 열대지방으로 죽음의 행진을 거듭한 끝에 카메론 전투에서 멕시코 혁명군에게 끝까지 항전했다.

카메론 전투를 이끌었던 당쥬 대위는 외인부대의 정신적 지주라 할 수 있는 사람이다. 카메론 전투는 60여 명의 외인부대원들이 2천여 명의 멕시코군과 맞서 모두 전사할 때까지 굴복하지 않았던 외인부대의 정신이 그대로 담긴 전투였다.

하루 종일 굶고, 물 한방울 못 마시고 처절한 사투를 벌이며 살아남은 6명은 마지막 한발 남은 실탄을 소총에 장전하고 멕시코군을 향해 발사했다. 그리고 일제히 착검 후 엄청난 수의 적군을 향해 돌격해 들어갔다. 적군의 대열에 도달하기도 전에 그들은 총탄에 맞아 쓰러져갔다.

이 비극의 날인 4월 30일은 '카메론 기념일'로서 외인부대의 특별한 날로 지정되어 있다. 그 처절했던 전투 현장에는 다음과 같은 문구의 기념비가 세워졌다.

'여기에 60여 명도 채 안되는 사나이들이 적의 군대 전부에게 대항하여 버티고 서 있었다. 그들의 힘은 적들을 압도하였다. 용기를 버리기보다는 차라리 목숨을 버렸던, 이들은 프랑스 병사들이었다.'

인도차이나와 마다가스카르 침공은 더욱 비참했다. 인도차이나에서는 예전의 종주국인 청나라의 실권을 쥔 서태후(1835~1908)가 조종하는 비적부대 흑기군(黑旗軍)에 시달리다, 결국 투입되었던 외인부대 90퍼센트가 전사했다. 인도양에 떠 있는 마다가스카르 섬 침공에서는 5천736명의 외인부대가 싸우기도 전에 전염병으로 목숨을 잃었다.

멕시코, 인도차이나, 마다가스카르, 그리고 알제리. 이 모두가 프랑스 본국에서 멀리 떨어진 곳에 위치하고 있다. 그리고 그 침공은 제국주의적 식민지 정책을 위한 것이지 프랑스의 국토 방위와는 아무런 관계가 없었다.

이러한 전투로 프랑스 국민들의 시체가 널려 있다면 프랑스 국민의 여론은 결코 좋게 받아들이지 않을 것이다. 그래서 외인부대를 투입한 것이다. 물론 프랑스군 본대도 투입되지만 낯선 이국땅에서 위험하다고 여겨지는 전투에는 당연히 외인부대가 배치되었다. 그런 의미에서 프랑스 외인부대는 유럽 중세 말부터 근대 초기에 걸쳐 군의 중추를 담당했던 용병부대가 아닌, 어디까지나 프랑스 군사정책의 더러운 부분을 담당하는 특수부대일 뿐이다.

외인부대를 지원하는 사람들

그럼 이러한 외인부대에는 어떤 사람들이 입대하는 것일까?

물론 프리드리히 대왕과 독일 용병의 슬픈 역사를 낳은 헤센·카셀 방백을 비롯한 독일 제후들의 지독한 모병으로 모집된 것은 아니다. 이젠 더 이상 그런 시대가 아니었다. 프랑스 외인부대는 순수하게 지원병으로 이루어졌다.

병사들의 출신국은 다양하지만 예전에 이름을 떨친 란츠크네흐트나 스위스 용병부대의 전통 탓인지 독일인과 스위스인이 다수를 차지하고 있다.

그리고 병사들 출신국도 다양하지만 외인부대에 입대하기 전의 병사들의 직업은 놀랍도록 다채롭다. 직인, 공장 노동자, 선원, 해군장교 외에도 법률학자, 의사, 유럽 최고의 오케스트라 단원인 음악가 등도 무슨 이유에선지 외인부대의 문을 두드리고 있다.

또한 유럽 왕족인 사람까지 외인부대에 속해 있다.

영국왕 조지 5세의 사촌인 덴마크의 왕자 잉게는 20년이나 외인부대에 있었다. 모나코 공국의 루이 2세는 한때 연대 소속 장교로 있었다. 세르비아 국왕 페타르 1세는 중위로서 보불 전쟁에 참가했다. 그는 늘 가명을 사용했고 훈장 수여를 거절하면서까지 본명 밝히는 것을 거부해서 혹시 범죄 관련자가 아닐까 의혹이 일었는데, 조사 결과 중위는 로마 교외에 웅장한 성을 가진 로마의 가장 오래된 귀족 발디니 가문의 귀공자라는 사실이 알려지기도 했다. 더구나 그는 정년까지 외인부대에 머무르다 대위로 퇴역했다.

더욱 놀라운 일은 1940년 나치 독일이 프랑스를 점령했을 때, 마르세유 항구에서 북아프리카로 수송을 기다리던 프랑스 외인부대 지원자 중에 독일 도망병 250명이 끼어 있었다는 점이다.

제2차 세계대전이 한창일 때 적국의 군대인 프랑스 외인부대에 지원한 250명의 독일 도망병은 과연 반나치주의자 투사였을까? 도저히 그렇게는 생각할 수 없다.

예전의 란츠크네흐트 부대에는 살 길이 막막했던 도시 프롤레타리아나 빈농이 먹고살기 위해 입대했지만, 그 중에는 도시귀족의 자제, 버젓한 시민, 직인, 학생, 부농의 무리가 일부러 뛰어들었다. 그들은 따분한 정착사회에 만족하지 못하는 일종의 모험가들이었다.

프랑스 외인부대에 투신한 군주 가족과 귀족의 자제, 의사나 학자나, 음악가도 그런 유형일 것이다. 그리고 대부분의 독일 도망병들도 개인의 자유를 압살하는 공포스런 거대 집단으로 변질된 근대 국민군이라는 조직의 원리에 등을 돌린 것이다.

제1차 세계대전 후, 패전국 독일은 극도의 혼란에 빠져 좌우 세력의 사설 군대가 길거리에서 충돌을 일삼았다. 우파 세력은 독일 제국시대의 장교를 중심으로 의용군을 모집했는데, 모집 플래카드에는 북을 치는 란츠크네흐트 병사 모습이 그려져 있었다. 이것을 보고 의용군에 지원하는 사람들은 제1차 세계대전 중에 학교를 졸업하자마자 곧바로 군대에 들어가 평범한 시민의 직업생활을 알지 못한 채, 전쟁 뒤 혼란스런 독일에서 자포자기하고 방황하던 사람들이 대부분이었다. 그런 의미에서 의용군은 용병군이었다.

안티 부르주아, 안티 코뮤니즘의 기치 아래 민족주의로 고취된 연대감을 바라고서 그들은 시민사회에 등을 돌리고 의용군에 투신했다. "우리들 의용군이야말로 자신의 의지대로 싸우는 자유전사인 것이다!"라며 그들은 예전의 란츠크네흐트에 자신들을 비유했다. 이렇게 해서 용병 낭만주의가 그들의 등을 떠민 것이다.

에른스트 룀

이러한 의용군의 지휘관 중에 다음과 같은 모험가가 있었다.

김나지움과 사관학교를 마치고 제1차 세계대전 때는 참모본부 소속 장교로 복무했고, 세계대전이 끝난 후에는 자유군단(Freikorps) 의용군의 무기담당관, 그후 바이에른 방위대와 제국 국방군의 연락장교가 되었고 이윽고 히틀러 봉기에 참가해 제국 국방군을 제대하게 되자, 1928~1930년 남미 볼리비아의 군사 고문관이 되었으며, 1931년 이후 나치 돌격대장이 된 에른스트 룀(Ernst Rohm, 1887~1934)이다.

히틀러가 볼 때 정권을 잡기까지 용병 낭만주의에 빠진 이런 모험가만큼 편리한 존재는 없었다. 그러나 1933년 드디어 정권을 잡은 히틀러는 그의 제3제국을 정교하고 치밀한 조직으로 짜기 위해서는, 조직을 개별적인 것으로 해체하려는 모험가가 방해가 되었다. 친위대와 국방군을 유기적으로 연결시키는 데 성공한 히틀러에게 돌격대라는 사설 군대는 이젠 무용지물이 되었다. 군대는 에른스트 룀 개인의 소유물이 아니라 국가의 군대여야 한다. 히틀러는 용병군을 데리고 전쟁할 생각은 없었다. 전쟁은 후방을 포함해 국민 총동원 체제로 싸우지 않으면 안 된다. 그래야만 빛나는 제3제국이 수립되는 것이다.

이렇게 해서 1930년대 독일 용병대장 에른스트 룀은 히틀러의 명령에 의해 암살되었다.

프랑스 외인부대에 들어갔다가 1940년 마르세유에서 히틀러의 독일군에게 체포된 250명의 독일 도망병들은 자유전사를 표방하는 제2의 에른스트 룀들이 아니었을까?

현대의 용병들

어쨌든 프랑스 외인부대를 제외하고 고대 오리엔트 이래로 유럽의 가장 기본적인 군사제도의 하나였던 용병제도는 국민군의 탄생과 함께 유럽 국가들의 군사기구에서 사라졌다.

하지만 용병은 살아남았다. 그들은 전쟁이야말로 자신이 살아갈 길이라고 여기는 모험가가 되고 싶어한다. 또는 군사컨설턴트 회사들에게 자신들을 팔아넘긴다. 민간 군사기업으로서 가장 널리 알려진 것이 남아프리카 공화국의 이그제큐티브 아웃컴즈(Executive Outcomes)이다. 1989년 남아공민간협력국(CCB) 요원을 지낸 이번 발로(Eeben Barlow)에 의해 설립된 가장 효율적인 군사 공급 기업으로서, 며칠 만에 정예 전투부대를 조직하고 배치할 능력을 갖춘 대표적인 사례였다. 그리고 내전이 끊이지 않는 제3세계의 군부 정권에 군사 전문가로서 고용되어 싸운다.

그러나 현대의 용병들은 예전처럼 먹고살기 위해 용병의 길을 택한 사람들이 아니다. 그들이 굳이 사지로 향하는 것은 자신들 몸에 깃들어 있는 모험심 때문인지도 모른다.

국가의 권력이 위에서 아래로 내려감으로써 이제 권력은 국민의 손에 쥐어졌고, 그러한 국민국가를 유지하려면 개인의 자유로운 모험 같은 것을 배제한 강력한 조직으로써 국민생활을 보장할 수밖에 없다. 그 때문에 다양한 규칙이 고안되었다. 사람들은 그 규칙, 이를테면 사회의 규범과 질서에 따라 생활한다. 또한 자신들의 놀라운 상상력과 사회의 질서 사이를 넘나들면서 살아간다. 유럽은 이제 대다수의 사람들이 먹고살기 위해 용병 일에 뛰어들지 않아도 되는 국민국가라는 조직을 만들어냈다.

물론 이 조직에서 벗어나려는 사람은 분명 있게 마련이다. 현대의 용병들이 그렇다. 그들은 자신들의 정체성을 찾아 전장을 헤매고 다닌다. 그러나 죽음을 마주한 곳에서만 자신의 정체성을 표현할 수밖에 없는 그들은 한편으로는 서글픈 인간들인 것이다.